顺和故事

顺和文化理念下的教育实践探索

陈桂华◎编著

知识产权出版社
全国百佳图书出版单位
—北京—

图书在版编目（CIP）数据

顺和故事：顺和文化理念下的教育实践探索/陈桂华编著. --北京：知识产权出版社，2021.9

ISBN 978-7-5130-7968-6

Ⅰ. ①顺… Ⅱ. ①陈… Ⅲ. ①幼儿园—教学活动—教学研究 Ⅳ. ①G612

中国版本图书馆CIP数据核字(2021)第262442号

内容提要

本书以叙事的方式，将“顺应天道，和实生物”的价值观作为内在逻辑支撑，讲述了顺和花园幼儿园顺趣、顺势、顺时、顺境，以及师与幼、家园、团队、园与社会之间和谐、和爱发展的教育故事。本书通过累积大量教育工作现场的素材，引发幼儿园教育工作者重新审视自己以往工作中的细节，促使他们发现其中的教育意蕴，增进对教育现象的深度理解与思考，为幼儿园未来的工作注入新的活力。

本书适合幼儿家长、幼儿教师及其他教育工作者阅读使用。

责任编辑：李海波　　　　**责任印制**：孙婷婷

顺和故事——顺和文化理念下的教育实践探索

SHUNHE GUSHI——SHUNHE WENHUA LINIANXIA DE JIAOYU SHIJIAN TANSUO

陈桂华　编著

出版发行：	知识产权出版社有限责任公司	网　　址：	http://www.ipph.cn http://www.laichushu.com
电　　话：	010-82004826		
社　　址：	北京市海淀区气象路50号院	邮　　编：	100081
责编电话：	010-82000860转8582	责编邮箱：	lihaibo@cnipr.com
发行电话：	010-82000860转8101	发行传真：	010-82000893
印　　刷：	北京中献拓方科技发展有限公司	经　　销：	新华书店、各大网上书店及相关专业书店
开　　本：	720mm×1000mm　1/16	印　　张：	18.5
版　　次：	2021年9月第1版	印　　次：	2021年9月第1次印刷
字　　数：	325千字	定　　价：	98.00元

ISBN 978-7-5130-7968-6

序言

从顺和故事看文化育人

一所好的幼儿园一定是有文化的幼儿园，有文化的幼儿园一定是有故事的幼儿园。如果我去了解一所幼儿园的教育品质如何、管理水平如何，我总会用心去倾听这所幼儿园老师们的故事，并从他们的故事中捕捉幼儿园的文化亮点，感知其育人理念与育人方式。

由于工作的原因，我经常会和许多幼儿园进行交流，关注他们的育人理念与育人方式。我认为，一所好的幼儿园必须有清晰的育人理念、明确的育人目标、科学的育人方法，因为这些都是构成幼儿园文化理念体系的基本要素，对幼儿园的教育行为具有重要的引领作用。

我很高兴在教学一线看到了许多成功的实践，其中北京市顺义区顺和花园幼儿园的文化建设给我留下十分深刻的印象。顺和花园幼儿园简称“顺和幼儿园”，其园所文化的核心理念便是其名称中的“顺和”二字，不仅独具地域特色，而且契合了中华文化的基本精神。所谓“顺”，强调的是“顺应天道，天人合一”，这是中华传统文化的最高境界，是一种生命的哲学；所谓“和”，强调的是“和实生物，和而不同”，这是中华传统文化的价值追求，是一种和谐的思想。用这样的思想和文化来育人，非常符合我们这个时代的需求。正如习近平总书记所指出的：“优秀传统文化是一个国家、一个民族传承和发展的根本，如果丢掉了，就割断了精神命脉。”我们坚守社会主义核心价值观之根，就是要在挖掘和阐发中华优秀传统文化的时代价值上下功夫，把优秀的传统文化讲足说清、阐发透彻，让文化精神深入人心。

对于顺和幼儿园而言，如果说这样的文化选择是一种天时、地利，那么传承并弘扬这样的文化便是一种人和。建园伊始，陈桂华园长就确立了“文化引领，内涵发展”的办园理念，将幼儿园的文化建设当做工作重点来抓，并以文化建设为契机，充分发挥文化涵养师德师风的功能，凝聚全体员工、家园师亲的思想共识，营造文化育人的良好氛围。这是非常有前瞻性的思考，顺和幼儿园近年来的快速发展有力地证明了幼儿园文化育人的成功。

我发现“顺和文化”不仅是一套完整的文化理念体系，而且有一套与之匹配的文化实践体系。这充分说明顺和幼儿园的文化建设是以实践文化育人为目标的，顺和文化融入了幼儿园教育教学的全过程。

首先，顺和文化的育人方式中蕴含着“顺”与“和”的文化，也完全符合学前教育的前沿理论。例如，幼儿园课程的内容选择追求的是顺趣、顺势、顺时、顺境，体现了尊重儿童心理、贴近儿童生活的教育理念；幼儿园课程的组织与实施追求的是调和、整合、融合、协和，与建构主义、生态主义的教育思想完全契合。

其次，顺和文化所强调的育人，不仅是幼儿，还包括全体教职工、广大家长，甚至社会上所有与幼儿教育相关者。这从他们所讲述的“师幼和”“团队和”“家园和”“社会和”故事中便能领略一二。

顺和文化是充满魅力的，顺和故事是精彩感人的。因此，我欣然接受陈桂华园长的邀请，为本书作序，为顺和文化理念引领下的教育探索点赞，并祝贺顺和幼儿园，祝福所有为学前教育奋斗的工作者。

朱继文

2021年3月

前言

一次，我与一位好友偶然聊起顺和幼儿园里的故事，她听得入神，建议我将这些故事收集起来整理出书。当时，我没有采纳她的建议，因为在我看来，出书不如踏踏实实、勤勤恳恳地做好幼儿园里的每一项工作。然而，当我看到“顺和文化”不断浸润着教师们的言行举止、滋润着孩子们的心灵、影响着家长们的行为时，当我见证在文化的影响下，一个个来自教育现场的故事引发教师们的再研究与反思，加深他们对教育本质和含义的理解，从而提高活动质量、促进幼儿发展时，我的想法转变了。“顺和故事”不应该独属于我，它应该以一个全新的视角存在，使我们的顺和团队从中探求出一种生活化、剧情化的研究模式，而且这种模式更应该被推广出去，引发教育同仁的广泛探讨。

于是，我们将“顺和故事”细细打磨、集结成册，更在梳理“顺和故事”的过程中重新系统、全面地审视了蕴含其中的文化理念。

可能是巧合，也可能是注定，于2013年9月创建的以所在小区命名的北京市顺义区顺和花园幼儿园，其中的“顺和”二字与中华文化的核心理念“顺”“和”不谋而合。在中华文化中，“顺”“和”有着丰富的思想内涵，衍生了顺应天道、效法自然、阴阳平衡、和而不同的中华智慧。从中华文化的视角观照我国当前的教育，我们发现“顺应天道，和实生物”的思想是教育者应当秉承的基本价值观。

因此，建园伊始，我就提出了“文化引领，内涵发展”的办园理念。对此，很多人质疑：一个新园，没有任何积淀，何谈文化？的确，对于一个新办园而言，所有事物初具规模，尚未形成属于自身的文化。但作为中华儿女，中华民族五千年的优秀传统文化中有太多我们可以汲取的智慧。更何况，文化是比教育更宽泛、更大的一个概念。如果我们有文化，我们就能把教育做得更好；如果我们每个人身上都有文化质感，无论是否追求教育目标，那些教育目标都可能会实现。

事实也证明，我的坚持是对的。经过7年的发展，顺和幼儿园的园所文化日益彰显，“顺”与“和”的文化理念深刻地体现在幼儿园的发展进程中，顺和文化内涵不断丰富，顺和教育实践日益精进。

那么，顺和的文化究竟是什么呢？就其理念体系而言，我们倡导“顺应天道，和实生物”的价值观。所谓“顺应天道”，就是尊重自然，尊重规律，顺应幼儿天性，顺应幼儿发展规律，因材施教；所谓“和实生物”，就是教育应当为幼儿的成长创造一个和谐的环境，让每一名幼儿都可以活出自己的个性与精彩。在日常的幼儿教育中，开展什么样的活动、创设什么样的环境……我们常常以此为导向。

我们提倡“顺天和人，快乐成长”的教育理念，即尊重规律、协和共育、全面发展、快乐成长。在对幼儿实施引导时，我们的教育基本原则、基本方法和主要目标皆源于此。我们遵循幼儿的身心发展规律，建构一种和谐的教育生态，创设一种自由开放、自主探索的活动场景，营造一种人人平等、相互支持的育人环境，从而促进幼儿的全面发展和快乐成长。

我们在“文化引领，内涵发展”的办园理念的指引下，以建设一个家园和谐、师幼共生的成长共同体为办园目标；以培养自信、主动、友善、勇敢、健康、快乐的现代中国儿童为儿童培养目标；以建设一支会学习、善思考、勇探索、勤积累、乐合作的教师队伍为教师发展目标。在家园工作、教育活动、教科研活动中，我们以此为方向，以此为动力。

就其实践体系而言，我们将文化价值需要内化于心、外化于行、实化于课程，形成了顺情、顺理、和爱、和谐的管理文化；包容、积极、创新、和谐、进取、至善的行为文化；顺趣、顺势、顺时、顺境，调和、整合、融合、协和的课程文化。

要知道，在幼儿园的工作中，核心是人；在幼儿园的发展中，最重要的是人的发展。自然，我们要关注师幼的各项行为；我们管理工作的核心便是管人，管人心；我们要重视建设益于幼儿身心全面协调发展的课程。

在顺和师幼的生活、工作、学习中，我们关注他们的行为所体现出来的行为准则与精神风貌，尊重差异，接纳个性，以包容之心、积极之态、创新之能追求和谐之风、进取之势、至善之果。在顺和幼儿园的管理工作中，我们将柔性的情感管理和刚性的制度管理结合起来，努力创设和爱温暖的人际关系，营造和谐愉悦的工作氛围。有别于其他幼儿园的教师队伍，我们顺和幼儿园的教师队伍具有学历高，骨干教师少、经验型教师少，年轻教师多、新教师多、非专业教师多等特点。正是得益于这样的行为文化和管理文化，我们的教师队伍逐渐成长起来，在合作协调、应急互动中更彰显出团队的凝聚力。

在顺和幼儿园的课程建设中，我们以“快乐与发展课程”目标体系为主线，严格落实尊重、适合、快乐、发展四个关键词。在课程的内容选择与设计上，我们顺应幼儿的兴趣、生活经验与优势，顺应季节、节日、节气，顺应幼儿园的物质与人文环境；在课程的组织与实施上，我们将促进幼儿发展的知识、技能、态度三维调和，将五大领域的课程内容进行整合，将特殊教育与普通教育进行融合，并加强影响幼儿成长的幼儿园、家庭与社会三个群体间的协同合作。我们注重幼儿游戏化活动的研究与落实，关注幼儿“玩”的快乐与质量，于是有了我们的挑战游戏、足球运动、丰富适宜的环境……

在顺和文化的发展中，它记录了顺和幼儿园团队一步一步坚持不懈奋进的发展历程。而作为顺和文化结晶的“顺和故事”，从孕育到出生，从开花到结果，都凝结着顺和人的心血和智慧。所以我希望：“顺和故事”能够证明顺和文化落地生根的事实；“顺和故事”能够展现顺和团队共同成长的历程；“顺和故事”能够记录顺和宝贝健康成长的轨迹；“顺和故事”能够激励顺和团队不断创新、勇往超前；“顺和故事”能够给关心教育、热爱教育的人们带去一些启发和思考。

北京市顺义区顺和花园幼儿园园长　陈桂华

2020年10月

目录

第一章 顺趣

第二章 顺势

第三章 顺时

第四章 顺境

第五章 师幼和

第六章 团队和

第七章　家园和

第八章 社会和

顺和文化体系

第一章 顺趣

顺趣是什么？顺趣是顺应孩子的兴趣，让孩子在遇到困难或问题时能主动、自发地投身其中，并积极寻求方法，保持持续的探索。在顺和幼儿园，我们顺趣而行，捕捉孩子们真正的兴趣点，采取策略并鼓励、支持他们向挡在面前的油桶桥发起挑战。我们主张以“玩”的方式，投入时间、空间、材料并通过人际互动，引发孩子们的兴趣，让他们深入游戏，探索自行车的更多玩法；走进自然和生活，探寻蚂蚁、种子、红薯、比萨；感受传统，亲身体验扎染和皮影……我们将兴趣作为纽带，将孩子的内部世界和外部世界进行联结，深度刺激他们的思维与人格的全面发展。

挑战油桶桥

张　晨

我园一直开展户外挑战性体育游戏。每当开展循环区活动时，班里总会有孩子放下手里的玩具，趴在玻璃上看，那羡慕的眼神里流露出渴望。随着天气转暖，孩子们的运动量逐渐增加，我们也开始挑战新的游戏区，而最近油桶桥成了他们的最爱。

挑战走过“圆木桥”

今天，我第一次带孩子们来到户外循环区，自然我们从最简单的游戏开始玩起。首先，我请孩子们尝试走较宽较矮的油桶桥，它被我们称为“圆木桥”。在我推动油桶确认安全后，第一个勇士—— 一名小男孩就爬上来了。其他孩子跟在后面，二宝也在其中，他小心翼翼地爬上油桶，跟着其他人慢慢向前爬。当看到孩子们都一脸兴奋地在油桶上爬得很稳的时候，我提议道：“孩子们，谁敢试试站起来走？老师会保护你们的。”没有人回应。我看向身边的想想，鼓励道：“想想，老师知道你非常喜欢这个游戏，也相信你有勇气来尝试，你愿意当第一个勇士吗？”思考了一会儿后，想想慢慢站了起来，拉着我一小步一小步地向前挪动。

见到想想勇于挑战后，二宝也尝试慢慢站起来，他先用手扶着油桶，然后微微晃着站了起来。站直后他将身体稍微向后靠，右腿慢慢迈到前面的油桶上，踩稳后，左腿迈过去。走过几个油桶后遇到木板，他小心翼翼地踩上去，两只手臂慢慢打开，走过木板，再次走到油桶上。接下来的一段他加快了一点儿速度，最后走到终点，双脚并齐跳下去。看到二宝独自顺利完成，我赶紧走过去问：“二宝，好玩吗？”二宝笑着点头说：“好玩！”说完，他就跑到起点接着玩第二轮了。而其他孩子似乎受到了二宝的鼓舞，也慢慢地在油桶上站起来走。

在孩子们挑战圆木桥的过程中，我们可以看到：兴趣可以赋予孩子挑战的勇气，并间接激发同伴产生相互影响的力量，促使更多孩子勇于尝试。

挑战“高桥”跳下

玩了两个星期的圆木桥，孩子们都可以较平稳地走过去了，但一些能力强的孩子不满足于此，他们开始了新的探索。这次，二宝指着旁边高高的“圆柱桥”说：“张老师，这个可以玩吗？”我问他：“这个这么高，你不害怕吗？”二宝大声回答我：“我不怕。”我摸摸他的头说：“只有你不怕可不行，我得问问其他小朋友。”随后，我请孩子们来到我身边，问他们：“孩子们，二宝说想玩这个高的圆柱桥，你们想玩吗？”他们一听纷纷回应：“想玩！”“老师，我也想玩！”但有的女孩子没有说话。考虑到上油桶简单、下油桶难，虽然孩子们都可以轻松地跳下桌子了，但油桶比桌子高出许多，于是我说：“想玩圆柱桥，就要先学会从桥上跳下去，但这么高的桥，怎么上去呢？”惠惠说：“爬梯子上去，我欣欣姐玩的时候就是爬上去的。”采用惠惠的办法，保育老师将梯子架好并用轮胎顶住，还加厚了安全垫。

为了避免长时间等待，我和保育老师分别负责男孩、女孩两组。我这组，想想争当第一个。跳之前，我问孩子们应该怎样跳，他们举手回答，一起探讨

正确跳法。梳理完正确跳法后，想想开始跳了。我伸出手要扶他时，他说："老师，我自己能跳。"我点点头说："好，你真勇敢！"然后，我请想想做好准备动作，只见想想挪了挪，然后双脚并齐，轻轻地摆动手臂，微微弯曲膝盖，双脚用力蹬油桶并跳了下去，落地后双脚分开，弯曲着膝盖，身体晃了晃后就站稳站直了。成功跳下后，他笑了，看着我，我大声地表扬了他，其他孩子看他跳得这么好，更想玩了。就这样，每个孩子都跳了，即使有个别害怕的，也在老师的帮助和伙伴的激励下成功地跳了下来。

练习跳油桶的过程中是强烈的兴趣让孩子们克服了恐惧。但要实现促进幼儿全面发展、快乐成长的教育目标，作为教师，除了以兴趣引导外，还需加以信心和能力的支持。带领孩子练习跳油桶的过程，就是增强他们的信心与能力的过程，而这将促使他们的兴趣延续下去。

挑战走过"圆柱桥"

有了"高桥"跳下的经验，今天可以试试走较难的"圆柱桥"了，孩子们跃跃欲试。提示音乐响起，他们快速地在起点处排队游戏。阳阳是第一个，他一脸紧张，慢慢地爬上梯子，蹲在铁桶上后慢慢站起来，小步挪动着，双腿颤抖着，走了没几步就停下来看着我。我问："阳阳，你是不是有点儿害怕？"他一边看着脚下一边回答我："老师，太高了。"我又问："你想玩吗？"他肯定地回答我："想玩。"孩子的回答让我惊讶，原来不管多害怕，对事物的兴趣会激起孩子挑战自我的信心。于是，我对他竖起大拇指说："宝贝，你真勇敢！你看，桥这么宽、这么稳，老师还在一旁保护你，你放心，不会摔倒的。"他看着脚下，点点头，但还是犹豫。我向他伸出手问："老师扶着你，你敢走吗？"这回他笑着说："我敢走。"他拉着我的手，小心翼翼地走到终点，跳下去，稳稳地落到垫子上后又高兴地跑到队尾排队去了。

第二次，阳阳先爬到铁桶上，看着我没有走。看出他还是有点儿害怕，我将手伸到他的背后，说道："阳

阳，刚才你拉着我的手走，现在老师在后面保护你，你用手臂保持平衡，自己敢走吗？”他迟疑了一下说：“嗯，我敢走。”然后，他将两只手臂微微张开，慢慢走着，中间没有停顿，一直走到终点，快速跳下去，马上又跑到队尾排队去了。

第三次轮到阳阳，他爬上铁桶，没有再看我，独自慢慢走。我走过去说道：“阳阳，你越走越勇敢，都不用老师扶着了。”他扬起笑脸回答我：“张老师，我不怕了，我长大了。”说完他看着脚下，平稳地迈着步子走向终点处。

游戏结束后，在散步回班的路上，我问所有孩子：“圆柱桥很高，你们第一次玩，害怕吗？”在孩子们七嘴八舌的回答中，我听到最多的是：“老师，我们下回还玩！”

之后，我深刻反思了孩子们在油桶上的表现，为什么他们两条腿在颤抖都还要试一试呢？我想，归根结底，是兴趣让孩子们有了探索、挑战油桶的动力，虽然心里害怕，但想玩油桶的兴趣使他们坚持下来，甚至有了自我挑战的勇气。而挑战成功后的成就感又促使孩子的兴趣得以持久，并发起新的挑战，也就是在这样一次次的挑战中，孩子们获得了多方面的发展。从孩子们的挑战中，我们也可以获得这样的信息：发现并保持孩子的兴趣，会增进我们和孩子的关系。因此，我们需要观察孩子，敏锐地觉察他们的兴趣，并抓住时机，创造机会使他们的兴趣保持下去。

“炸碉堡”的快乐

高佳文

“孩子们，快来炸碉堡啦！”这句话经常出现在我上学期组织的户外自主活动里。这么简单的几个字常常能吸引来很多孩子，他们个个眼睛发亮，充满期待地问我：“高老师，今天咱们多玩一会儿，好吗？”听到孩子们这么说，我心里乐开了花。

事实上，这个游戏最初开展得并没有那么顺利，在开始玩这个游戏时孩子们对它不太感兴趣。因为炸碉堡游戏的前期准备时间较长，而且为了锻炼孩子的手臂力量，建造碉堡用的大小袋子里面装满了建筑材料——陶粒，这让孩子们搬运起来会稍微有些费力，很多孩子在前期准备时就选择了放弃。无疑，如此情况下游戏要进行下去十分困难，但是什么原因让孩子们又喜欢上这个游戏呢？

用情境吸引孩子的注意

丰富、适宜、有效的情境能够激发孩子们的参与兴趣，还能使他们积极主动地参与活动、自主探索。在游戏还不太成熟时，我先带着孩子们试玩了两次。他们一边站一队，班里两个小男孩拿着沙包，嘴里大喊着：“看我的手榴弹，我要把你们的墙炸毁！”孩子脱口而出的一句话给我带来了灵感。回班后，我收集了一些关于战争题材的儿童故事、动画片分享给孩子们，他们对此非常感兴趣，我们还一起商定了游戏的名字——炸碉堡。在之后的游戏中，我们不断游戏、讨论、改进，逐步加入沙包（游戏中的手榴弹）、装满陶粒的大小袋子（建造碉堡的建筑材料）及卡通图片（游戏中的目标敌人）等，让游戏情境更加丰富，孩子们的兴趣也因此越来越浓。

用音乐渲染游戏气氛

用音乐营造与游戏情境相融合的气氛，可以使孩子更尽兴地投入游戏，使游戏更具趣味性。孩子们玩的炸碉堡游戏分为两部分：第一部分是搬运沙袋、建造碉堡。他们搬运沙袋，既需要耗费力气，又要抓紧时间筑好自己的碉堡，我在旁边给他们加油鼓劲。我和孩子们多次讨论、试听，最终选择了《木偶进行曲》作为背景音乐，这首曲子节奏清晰、旋律刚健有力，能够营造一种昂扬向上的气氛，激发孩子们斗志昂扬的情绪。第二部分游戏正式开始，音乐节奏变为紧张急促，渲染了双方对峙的紧张状态，让孩子们更好地投入游戏的同时，也为游戏增添了很多乐趣。

用竞赛激发孩子的兴趣

竞赛类体育游戏能够激发孩子的运动兴趣，调动他们的积极性与主动性。在组织炸碉堡游戏的过程中，我与孩子们商量并结合他们的实际情况，组织了一些合适、安全并具有一定难度的竞赛类活动。在游戏初期，建造碉堡是一个大难题，往往游戏还没有开始，碉堡就已经被孩子们碰倒了。因此，我们进行了两次“搭建碉堡比赛”。第一次比赛时，孩子们分两个队伍，比哪队的碉堡建得快；第二次比赛，看哪队的碉堡建得又高又稳固。经过两次比赛，孩子们建造碉堡的能力有了快速提高，碉堡质量高，又稳固。之后，我们还组织了“投射炸弹距离比赛”“捡拾炸弹速度比赛”等多种形式的竞赛。在比赛中，我们注重释放孩子的天性和发展孩子的能力；为比赛更公平，我们尽量把身体基础、运动能力差距不大的孩子安排在一组；在游戏过程中，我们注意强调游戏规则，孩子们都自觉遵守，共同营造一个好的游戏氛围；为了使每一个孩子都有成就感，我给每组孩子奖励，鼓励他们不断努力。孩子们在竞赛中情绪高昂、相互学习、相互帮助，享受着竞赛带来的快乐，并增强了爱集体、爱同伴、守规则的意识和能力。

就这样，在一步一步努力中，我们创设情境、精选音乐、变换游戏形式来激发孩子们对炸碉堡游戏的兴趣，并且在这种兴趣不断增长的同时，提出新的挑战，使他们在游戏中获得发展。

著名教育学家陈鹤琴先生认为：“儿童好游戏是天然的倾向。”在顺和幼儿园，我们的教育理念也立足于这一点，并且在实践中我们始终遵循这一理念，希望我们和孩子们共同成长，让他们能完全享受童年游戏的快乐，在聆听虫鸣鸟叫、花开花落中快乐求知，在耐心的等待中健康成长！

花样跳跃

姜 楠

挑战性游戏以其丰富多彩的活动内容吸引着孩子，让他们总是喜欢并欢欣踊跃地加入。但他们参与挑战性游戏时总会遇到一些困难，特别是在面对一个从未尝试过的新活动时，往往要克服恐惧才能完成，而一旦完成，就会收获巨大的成就感。以走平衡木为例，许多从未走过的孩子开始大都不敢尝试，即使勉强上去了，也会心慌、紧张、摇摇晃晃。然而为了取得成功，孩子就必须克服恐惧的心理，勇敢地走过去。有心理研究表明：这类直接而强烈的成功体验，会对孩子产生极大的鼓舞和激励作用，会极大地增强孩子的成就感和自信心。因此，我们注重为孩子们提供战胜困难、大胆尝试和冒险的机会，有层次地投放材料，创设多种方式以支持他们的挑战性游戏。

这一次，我针对小班孩子的身体控制力和肌肉力量都处在发展中的特点，结合他们双脚连续跳的发展弱项，利用多种材料开展了一系列的跳跃活动。

软垫上的跳跃

乐乐是一个活泼好动的小姑娘，平时总喜欢蹦蹦跳跳，但每次玩游戏时总会摔倒。显然，这是她腿部肌肉力量不足造成的。为帮助乐乐得到有效锻炼，增强腿部力量，在“小兔子运萝卜”的情境中，我特别观察了乐乐的动作，寻找帮助她的办法。经仔细观察与分析后，我发现乐乐对游戏十分有兴趣，但无法掌握正确方法，在软垫上总是一脚前一脚后地分开跳，像骑小马一样，跳着跳着还会摔倒。考虑到小班孩子具体形象性思维强的特点，我并没有直接告诉她正确的做法，而是对她说“乐乐，姜老师跟你玩一个小矮人的游戏”，以此来引导乐乐蹲下去，并通过“我们给白雪公主拿苹果”的情境让她学习在软垫上蹲走。虽然乐乐刚开始走着走着会身体前倾，一下子摔到垫子上，但她始终坚持。最后，乐乐慢慢地熟悉了在垫子上该用的力度，掌握了双脚跳的方法，肌肉力量有所增加，在垫子上也可以跳得很自如了。

不规则的圈圈

当孩子们的肌肉力量增强后，我又开始琢磨：“什么游戏能够帮助他们提高身体控制能力呢？”一番思考后我选择了跳圈。在最初游戏时，教师负责摆圈，让圈一个连着一个，只是变换方向和位置。但这样玩了一段时间后，一次洋洋说：“老师，这个太简单了。”我问：“那你能连着跳过来吗？”他说：“当然了！”话音刚落，洋洋就轻松地跳过了所有圈圈。我问：“那你帮老师想一个有难度的玩法，好吗？”他噘了噘嘴巴，犹豫了一下说：“好吧。”然后，他拿着圈左摆一个右摆一个，还单个摆或两个一组摆，不一会儿又拿一个小罐子放到摆好的圈里，忙得不亦乐乎。我对他放在圈里的小罐子很好奇，就指着罐子问他：“这里为什么要放小罐子？”“老师，那是炸弹，那个圈不能跳。”他自豪地说。就这样，以后的每次活动我们都会请孩子一起来设计，他们的参与度更高了。

翻转的奶箱子

通过软垫跳跃和跳圈的锻炼，孩子们的跳跃能力有了明显提高，他们都能双脚轻松跳过一些低矮的物体。为使孩子们获得更深层次的发展，我增加了对跳跃高度和宽度的要求，让他们通过将奶箱转变不同的高度和宽度来熟悉不同的跳跃方式。当然，这对孩子们来说是不小的挑战。记得曦曦第一次跳奶箱时，她看着奶箱犹豫不前，但看到其他孩子都跳过了高高的障碍物，也跃跃欲试。她走到箱子前，想跳又不敢跳，终于鼓起勇气跳了一下，但只是原地跳高了。看到这一情形，我走到曦曦身边鼓励道：“你可以的，加油！”她说：“可是老师，我害怕。”为帮助她缓解紧张情绪，我伸出一根手指让她攥着，惊喜的是，这个举动似乎让曦曦获得了力量，她一口气一个接着一个地跳过去了。就这样，她越跳越开心，但每次还是需要攥着我的一根手指。直到第四次，曦曦才松开了紧紧攥着我的手，一下子跳过了高高的奶箱。见此状，我连忙为曦曦鼓掌并夸奖道："你太棒了，这么高自己都能跳过去。"听了我的话，曦曦特别开心，跳得更起劲儿了。

就这样，通过一个个分解游戏和各种不同的材料，孩子们从不会跳、不敢跳，到顺畅自如地跳、连续快速地跳，跳跃能力都有了提高。在练习跳跃的过程中，我们不只用到了软垫、圆圈、奶箱，还用到了跷跷板、过河石、长凳等材料，而且在材料的使用上会根据孩子的能力和发展进行调整，如长凳可以平放，训练孩子进行宽度的跳跃，或者侧放，帮助孩子练习高度的跳跃。在孩子们开始练习跳跃时，我们会将材料单独使用，帮助他们掌握基本技能；在孩子对材料和技能都熟悉和掌握后，我们会将单独材料增加至两三种；如果孩子都熟练地掌握了每种材料，我们会将材料再调整、组合，提出对这个年龄段的孩子有一定难度，但又是他们发挥潜能可以完成的挑战。

总之，我们基于孩子对挑战性游戏的喜爱，用变换多种材料的方式来激发他们的兴趣，着眼于他们的最近发展区，为他们提供具有难度的游戏，并采用多种材料和方式调动他们的积极性，发挥他们的潜能，使他们超越最近发展区而达到下一个发展阶段的水平，然后在此基础上进行下一个发展区的开发。事实也证明：通过一系列的活动，孩子们的双脚连续跳跃技能提高了；胆小的孩子变得勇敢了；不自信的孩子变得更加自信了；注意力不集中的孩子专注力提高了；因肌肉力量不足经常摔倒的孩子也和别人一样跑跑跳跳，玩得更开心了。

这些也告诉我们，要遵循孩子的成长规律，多放手让他们去运动，并将生活中的一切物品、用具作为运动的材料和器械，这样他们会更愿意参与，从而充满欢乐、更有勇气地不断克服困难并取得成功。

自行车区的新玩法

张 晨

已经进入5月了，天气逐渐变热，在阴凉地畅快地骑自行车是这个炎热季节里孩子们最爱的活动之一。和上学期相比，孩子们慢慢长高，下肢力量越来越大，蹬不动、够不着的问题在他们身上不再出现，但取而代之的是他们在游戏中总是追求速度，拥挤和碰撞成为目前的棘手问题。出现问题时，虽然我不断强化规则，但效果欠佳。意识到规则不是解决孩子们这一问题的有效方法后，我转而进行了细致的观察，在分析他们的行为后发现，自行车区场地有限、游戏玩法单一是造成这一问题的重要原因。那怎么解决这个问题呢？当然是从孩子们的兴趣和需要着手，一起丰富自行车区的新玩法。

马路上有什么？

马路上有什么呢？我以这个问题来引导孩子们讨论。他们开始积极地说着自己知道的：红绿灯、交警叔叔、马路上各种各样的车……为了孩子们能积累更多的经验，我们通过视频拓展他们对马路和交通的认识，并为他们提供交通方面的动画片和马路的真实图片，让他们观察路线、交警站位和红绿灯的位置，认识路线、交警的重要性。

没有红绿灯

对马路上的事物有了新的认识后，孩子们在自行车区开始探索新的玩法。突然有孩子提出疑问："老师，这里怎么没有红绿灯呢？"我没有直接回答，反问道："那怎么解决呢？"一些孩子思考后提出了自己制作红绿灯的建议。在观察了红绿灯的构造后，孩子们很快合作制作了红绿灯，但在使用的过程中很快发现问题：真正的红绿灯是可以变化的，但自制的红绿灯似乎不能。我借机引导孩子们对如何解决红、黄、绿灯的变化展开讨论。讨论中，有的孩子认为可以做三个灯；有的认为可以去买更好的；有的认为可以

由专人负责贴上不同颜色的灯……最后，综合大家的想法，我引导孩子们制作了可替换式的红绿灯。

在红绿灯刚投入使用时，我负责为孩子们更换红绿灯。涵涵问我："老师，您就是交警吗？"对于涵涵突如其来的一问，我愣了一下，但很快意识到这是一个不错的角色体验机会，赶忙回答："对，今天我就是交警。"听到我的回答，孩子们一下子被吸引过来，纷纷表示也要扮演交警。对此，我问道："你们都想当交警，可是每次只需要一名交警，这可怎么办呢？"聪明的小郭站起来回答道："张老师，可以让涵涵先当，再让我当，我当完再找别人当。"我点点头，征求其他孩子的意见，他们都高兴地表示同意。最终，在游戏中我们每隔30分钟会换一名交警，但每次游戏的时间有限，自然孩子们并不能都轮到。因此，之后我们根据交警这一角色的特点，由孩子们投票选出规则意识相对较好的孩子来担任交警。当然，为了公平，保证每个孩子均有机会，我们共同约定担任过交警的小朋友在两周内不能重复担任。

在孩子们制作红绿灯和选择交警的过程中，我非常欣喜地看到，他们能够迁移自己的游戏经验，能够听取同伴的想法并尝试合作解决问题，能够愉快地与同伴相处。我想，这应该是我们坚持遵循规律、协和共育的结果。

“你不能闯红灯”

一天，孩子们又来到自行车区游戏，这次是亮亮当交警。在执勤的过程中，他发现有人闯红灯，便大声劝阻道：“你不能闯红灯。”但骑车的孩子根本没有理会，而且紧跟着的另两辆小车也闯了过去。其实，在游戏中，这样的闯红灯事件已多次发生，虽然交警进行了提醒，但效果甚微。意识到这有可能使游戏陷入糟糕的境地，于是我决定暂停游戏，请亮亮讲述刚才的情况，并提问道：“如果有车闯红灯，会发生什么事情？”孩子们回答：“我爸爸上次就被扣分了，还扣钱了。”“我妈妈也被扣钱了，她没闯红灯。”听到孩子们的回应，我很惊喜，继续追问：“看来不只闯红灯要被扣分扣钱，你们是怎么发现爸爸或妈妈没有正确开车而被扣分的呢？”这下可把他们难住了。

回到班里，我给孩子们播放了视频，引导他们留意视频中的信息，使他们了解摄像头可以记录司机的违规行为。之后，我抛出问题：“咱们这里不能安装摄像头，无法让司机知道自己被扣分了，这该怎么办呢？”小郭说：“让交警扣分。”我问：“小郭说让交警来做扣分的工作，你们觉得可以吗？”孩子

们想了想，觉得行。接着，我并没有让孩子马上执行，而是再次抛出问题“司机做什么事会被扣分”来引导他们进行更深入的思考。他们回答：“闯红灯，撞车。”在回答完这两种情况后，孩子们陷入了沉默。当然，这样的沉默是可以理解的，毕竟这超出了孩子们的认知和经验范围。于是，我请他们回家和父母一起查阅资料、进行讨论。来园后，孩子们共同确定：闯红灯、撞车、没有按照规定标线行驶、超车等行为要被扣分。但是，如何扣分呢？根据生活中的真实情况，孩子们也做了驾照，如果违规，则每次扣分后盖一个红印章，暂停游戏五分钟代替扣钱扣分；如果遵守规则，则每次盖绿色印章，集齐五枚绿色印章，可以得到小汽车大贴贴。因为是孩子们自己制定的规则，他们都愿意遵守，虽然有时候一些孩子会不小心违规，但他们在努力改进。

后来，随着游戏的深入，自行车区里逐步增加了警察局、加油站、商店、纸币、出租车司机角色等，情景内容、辅材、角色越来越丰富，孩子们玩得热火朝天。随着这些丰富的玩法被创造出来，我们也领悟到一点：兴趣可以引发孩子们的探索欲望，可以引导他们将内部世界与外部世界进行联结，主动地发现问题，并由问题牵引而进行更深入的思考，获得全面的发展。

探寻蚂蚁的世界

李海伶

一场春雨过后，小草伸直了腰，花儿展开了笑脸，小动物们醒过来，孩子们也换上了轻盈鲜艳的春装，迎接春天的到来。

发现小蚂蚁

沐浴着春天温暖芬芳的气息，在一个阳光明媚的日子，我和孩子们来到户外活动。在大树下，几个孩子停留了很久，似乎在议论着什么。我好奇地凑上前去，原来这几个孩子在看一群小蚂蚁，再细看，这些小蚂蚁竟然排着整齐的队伍向另一棵大树进军，甚至有的蚂蚁身上还背着特别小的食物。顿时，我也被吸引住，蹲下来与他们一起观察。其他孩子见我如此，也都蜂拥而至。《3～6岁儿童学习与发展指南》中提出："经常带幼儿接触大自然，激发其好奇心与探究欲望。"见孩子们饶有兴趣地观看，觉察出其中的教育契机，我抛出一个问题："你们发现了什么？"我的话音刚落，孩子们立即七嘴八舌地议论开来。有的说："小蚂蚁在搬家。"有的说："小蚂蚁爬树玩。"……孩子们富有童真的回答反映出他们丰富的想象力，与此同时，我灵机一动，这是一个绝佳的让孩子完整体验生命历程的教育契机，何不让小蚂蚁走进孩子们的生活呢？

于是，孩子们和小蚂蚁的故事开始了，就是从那时起，他们在上学路上、幼儿园里、大街上、草地里随时随地地观察小蚂蚁。通过观察，他们发现：蚂蚁有黑色的、红色的、黄色的；有触角，还有六条腿；它们的家在地面上像一个小小的山包，地面下是一条弯弯曲曲的地道。但这些只是关于小蚂蚁的基本信息，他们还可以了解得更多。为引导孩子进行深入的探索，我又抛出了一个问题："小蚂蚁是如何交流的？"明明说："小蚂蚁和小蚂蚁说话。"对此，我并没有马上回应，只是追问道："你们听过小蚂蚁的叫声吗？"孩子们都说"没听过"。我继续引导："那么，它们怎么说话呢？一会儿我们可以到户外去看看。"

户外活动时间，我和孩子们来到操场上。因为前期的引导，孩子们开始主动、有目的地，而不是随机、漫无目的地观察蚂蚁。在操场上，我可以听到孩子们在观察时讨论道：“哎，你看这两只小蚂蚁停下来在干什么？”“好像要去找吃的！”“可是，地上也没有吃的呀？”“你看，蚂蚁会停下来，它们面对面待一会儿又继续走。”听到孩子们已经有所发现并对这个发现产生疑惑，我适时提问道：“小蚂蚁停下来的时候，哪里在动？为什么要动？”听我这么一问，孩子们又仔细地观察蚂蚁，发现它们的触角在动，动了一会儿后又不动，然后爬走了。突然，聪明的新新好像明白了什么，大声地喊道：“我知道了，小蚂蚁在说话。”孩子们都看着新新，等着听他的解释。我也好奇地问：“新新，你快告诉我们，你是怎么听到小蚂蚁说话的？”新新信心十足地说：“我不是听到的，我是看到的，小蚂蚁走一会儿就停下来动动触角，走一会儿又停下来动动触角，我猜它们是在说话。”听他说完，我们又仔细看，确实一只蚂蚁遇到另一只蚂蚁时会互相碰触角，然后走开，遇到其他小蚂蚁后又碰碰触角。新新说的究竟对不对呢？为了证实他的话，我发动孩子们让家长帮助寻找资料。经过一番查找，孩子们确定了蚂蚁触角相碰就是蚂蚁在说话。

在孩子们观察蚂蚁的过程中，我发现提出一个问题往往比解决一个问题更为重要，提问开启孩子的感官，调取他们的以往经验进行联结，引发孩子积极思考，这是直接给出答案所达不到的。当然，在这个过程中，不只是问题的提出，根据孩子的年龄特点，思考判断哪些问题是他们可以通过探索解决的，哪些问题是必须通过查阅资料解决的，哪些问题是通过家长的帮助等途径解决的也同样重要，这些有助于孩子在探究的过程中获得成就感并乐于深入探究。

小蚂蚁的新家

小蚂蚁的生活是怎样的呢？对此，我们决定给小蚂蚁建一个新家以便进一步观察，但用什么容器作为蚂蚁的新家，孩子们展开了一次头脑风暴。有的说用饮料瓶，有的说用冰激凌盒，有的说用吃饭的小碗。我没有发表意见，只是建议道：“你们可以试一试，明天每人带一个自己喜欢的容器来，咱们找来一些蚂蚁，看看它们喜欢哪个新家。”孩子们欣然同意了。

第二天，孩子们拿来了各式各样的容器，有小碗、可乐瓶、塑料杯、纸杯、玻璃瓶、药瓶等。我们到户外找来一些蚂蚁，孩子们小心翼翼地把蚂蚁放到事先准备好的容器里，拿到班里好奇地观察着。出乎意料的是，不到半天时间小蚂蚁们都陆续“睡”了，孩子们很伤心。新新噘着小嘴说：“小蚂蚁不喜欢这个新家。”其他孩子也垂头丧气地说：“小蚂蚁也不喜欢我准备的新家。”感受到孩子们低落的情绪，我想转移他们的注意力，引发他们进一步探索，于是问道：“小蚂蚁为什么都‘睡’了？什么样的容器才合适？”在你一言我一语的热烈讨论中，孩子们得出结论：饮料瓶口太小，蚂蚁在里面只有少量空气，无法呼吸；纸杯、小碗太矮了，蚂蚁容易爬出来；想让蚂蚁能待得更久，需要一个大口的、高高的容器。最后，我们商量决定用班里养小鱼的鱼缸做蚂蚁的新家。开始行动了，我们先把小鱼放到塑料壶里，然后把小蚂蚁放到鱼缸里，还放了一些土，心想：“这下小蚂蚁该高兴了吧！”可是，事情并不像我们想象的那样，第二天，小蚂蚁少了许多，这是怎么回事呢？经过又一轮的讨论后孩子们发现，原来小蚂蚁爬了出去，要解决这个问题，只需给鱼缸盖上一块布就行。可是，解决完这个问题，新的问题又出现了……

就这样，孩子们在不断的解决问题中，学会了观察，懂得运用更完整的语言表达，而且面对问题时更加冷静，解决问题的能力得以提高。其实，有时候将孩子置于问题情境中，让他们自主思考、自由探索比用单纯的语言引导更有益。

小蚂蚁吃什么?

小蚂蚁吃什么呢？对此，孩子们先是讨论，然后进行实验。第一次实验，孩子们放了许多食物，如胡萝卜渣、馒头渣、菜渣、肉、米粒等。观察了一天后，孩子们发现食物的数量基本没有变化。究竟是怎么回事呢？蚂蚁到底吃什么呢？孩子们又开始了第二次实验，这次他们放了特别少的食物，如一粒米、一小片菜叶，又观察了一天，结果令人振奋：米粒和菜叶都不见了，被小蚂蚁吃掉了。原来，在第一次实验中，孩子们给蚂蚁准备的食物太多了，它们并不能吃完。接下来，孩子们继续实验，探索蚂蚁还能吃什么。而我则引导孩子们每天有计划地给蚂蚁投放不同的食物，并观察记录小蚂蚁对不同食物的喜好。通过观察记录，我们发现蚂蚁什么食物都吃。

美国教育心理学家奥苏贝尔曾经说过："动机与学习之间的关系是典型的相辅相成的关系，绝非一种单向性的关系。"如果能够发现、激活孩子的兴趣，并能在引导中使之不断延伸，帮助孩子形成新的兴趣点，那么这样的教育就是有效的教育。这一点在某一层面上与我们顺和幼儿园的教育理念（即尊重规律）一样。在开展教育活动的过程中，我们要按照成长规律来培养人，要尊重孩子的兴趣与需要，要尽可能地创造条件与机会拓展孩子的兴趣、满足孩子的需要。在探寻蚂蚁的活动中，根据孩子们的兴趣来开展一系列活动就是尊重孩子的体现，而在探寻过程中有意识地将观察探索、思考猜测、调查验证、收集信息得出结论、合作交流融入其中，则是我送给他们的一份礼物，这能促使他们的兴趣不断延伸、获得全面的发展。

这是种子种出来的

李海伶

春天来了，万物复苏。我和孩子们来到了草地上，愉快地蹦啊、跳啊，寻找春天的脚印。

小草是怎么长出来的?

正当大家沉浸于快乐中时，浩宇突然好奇地问："老师，你知道小草是怎么长出来的吗？"他那双扑闪的大眼睛里充满了对一切事物的好奇，让他看起来就像一只刚刚学飞的小鸟。然而，为了让他可以飞得更高、更远，我并没有直接告诉他答案。同时，我也注意到早已从四周围拢过来的孩子们眼中同样充满了好奇。这是一个绝佳的教育时机，于是我问道："你们猜猜小草是怎么长出来的？"话音刚落，孩子们你一言我一语地讨论开了。林琳说："呵！这还用猜，它不是从地底下钻出来的吗？""不对不对，"浩宇连连摆手，并指着远处一片空地说，"你看，那儿怎么长不出来呢？"林琳低下头想了想说："这个我也不知道了！"这时，丽杰犹豫地说："这是种子种出来的吧？我看过妈妈种菜，把菜籽撒在地下，过几天就长出菜了。"大家觉得丽杰说的有道理，都不再说话，转而将期待的目光投向我。此时，我知道处于中班的他们有着强烈的好奇心和求知欲，对周围的许多事物和现象都会产生浓厚的兴趣，我需要把握这个时机，将他们的兴趣点转化为探索的行为。于是，我建议："你们可以试一试，明天每人带一些种子和种植容器来，咱们种种看！"

种植容器风波

第二天，孩子们先后拿来了种子和各式各样的种植容器，有小碗、可乐瓶、塑料杯、纸杯、玻璃瓶、药瓶、鸟食盖等。当孩子们好奇地摆弄着种植容器时，文文却不小心将自己的玻璃瓶摔碎了，她十分沮丧。我并没有责怪她，因为这个年龄的孩子还不能进行周全的思考，处在具体思维的阶段，自然容易

忽略容器大小、结实度等因素的影响。我及时安慰了文文，并抓住这个时机问孩子们："你们觉得玻璃瓶适合种植吗？"

"不适合。"

"为什么？"

"因为它容易碎。""摔碎了就没法种了。""还容易扎伤手，我就被玻璃扎伤过！"孩子们抢着回答。

从孩子们的回答中可以看出，他们已经具备了对简单的因果关系的分析能力。听了同伴们的分析，文文的情绪好转了很多。她对我说："老师，明天我再拿一个别的容器来吧！"我点点头同意了。在后面的种植中，通过实际操作，孩子们发现一些容器不实用，并积极进行了改进。

种种子啦

开始种植了，孩子们选好了自己的种子。我没有告诉他们该怎样种，而是给他们充分的空间亲自实践操作。播种时，孩子们种得五花八门：有性急的孩子将所有的种子都撒了进去，然后盖上土并使劲按压，好像害怕小种子会跑出来似的；也有细心的孩子将种子一粒一粒小心地埋进土里；还有一些孩子索性直接将种子撒在土壤表面上。浇水时，孩子们也各有章法：一部分孩子根据平时自己的饮水量，只浇少半杯水，连土面都没淋湿；另一部分孩子索性浇一大杯水，让种子喝个够。最特别的是泽泽，他在塑料杯底部挖了一个很大的洞，浇水时水和着泥土流了出来，但他没理会，还是接着浇。虽然孩子们的做法有的并不正确，但我没有制止和干扰，只是找来纸和笔，引导他们将自己的种植方法和浇水情况做详细记录并观察分析，要知道有时候只有通过犯错才能找到正确答案。

事实也的确如此，中班的孩子已具备了初步的观察力、判断力，能够通过探究发现事物之间的关系、变化并进行比较。在泽泽再一次浇水时，这个过程恰好被身边的宇轩看见了，他疑惑地问：“咦，你的土怎么少了很多呢？”同时，他把我叫了过去，我惊讶地问：“是呀，泽泽，你盆里的土哪去了？”泽泽指了指盆底的大洞说：“漏下去了。”我问：“为什么会漏下去呢？”或许是在思考为什么，他沉默了。一旁细心的林琳说：“老师，他浇的水太多了吧！您看，流出来的都是泥汤，要是少浇点儿水就好了。”我赶紧表扬她：“林琳说得真好！你能告诉我们浇多少水合适吗？”她端起了自己的种子，用手按着里边的土说：“看，就像我这样，用手按着不软不硬就行。这是妈妈告诉我的！”

照顾种子宝宝

种子种下去了，接下来就是等待的过程，在等待中孩子们需要做的就是照顾它们。但此时中班孩子好玩好动、注意力容易转移的特点显现出来，最开始的几天，他们总忘记照顾自己的种子。考虑到此时的孩子们已初具责任感，结合他们平时爱玩“娃娃家”，喜欢当爸爸、妈妈照顾娃娃的兴趣点，我将种子拟人化，让他们做种子宝宝的爸爸、妈妈，并引导他们讨论应该怎样照顾种子宝宝。他们根据以往经验得出结论：要经常去看望它，喂种子宝宝喝水，不然它们会生病。之后，我们还开展了“比一比”活动，看谁的种子宝宝最健康，长得最快、最高。通过诸多活动，孩子们的责任感增强了，每天来园后

第一件事就是去照顾自己的种子宝宝，即使短暂的空闲时间也不忘去看一下，一心期盼着种子宝宝快快长大。

通过孩子们照顾种子的过程可以看到，创造机会锻炼孩子们是增强其责任感的有效方法。更重要的是，培养孩子的责任感会使他们将来可能取得更大的成就。

小芽为什么蔫了？

孩子们发现婉婷用鸟食盖种的绿豆最先长出芽来，都特别高兴，仿佛看到了曙光，也更加关注自己的种子宝宝了。一天，突如其来的事情发生了，婉婷的绿豆小芽从尖部打蔫了，她伤心极了。我安慰她后，请来孩子们一起帮助分析原因，通过观察大家得出结论：婉婷的种植容器太小，里边装不了多少土，也存不住多少水，因此，小芽没了营养，很快就蔫了。明白原因后，第二天婉婷又让妈妈给拿了一个大容器，重新补种了自己的种子，照顾得格外细心。在孩子们的精心照顾下，种子宝宝逐渐开始发芽了。但奇怪的是，一些孩子的种子宝宝怎么照顾都不发芽。遇到这种情况的钰钰端着自己的种子找到我，问道："老师，你看我的种子怎么还不发芽？"我低下头一看，只见几粒豆角种子躺在土面上，已经干瘪了。我把他带到种植区，让他寻找长出芽的种子在哪里，并引导他进行对比。他仔细比较了一番，终于发现别人的种子都是埋在土里，而他的种子却撒在土面上。至此，我认为时机成熟可以告诉他了：种子只有在土里才能吸收更多养分，在土面上会因吸收不到养分和水分而干瘪。找到失败的原因后，钰钰又重新开始种植。这次，他将小种子一粒一粒认真地埋进了土里。

在孩子们种植的过程中，我始终以“支持者、合作者、引导者”的身份参与其中。当发现孩子们对小草是怎么长出来的充满好奇时，我通过多种方式保护他们的好奇心，使兴趣成为激发他们探索的内在动力，调动其积极思维、探求知识，最终让这种兴趣产生力量和实际的效果。因此，孩子们不但体验了种植的全过程，更在亲身实践中学会了思考，形成了自己的理解，获得了成就感和自信心，并对周围世界产生更多的好奇和探究欲望。当然，这个过程也体现了我们一直坚持的教育理念，遵循规律，充分挖掘孩子内在的潜能，让每一个孩子都做好自己、快乐成长。我相信，做好这些，孩子们会向你展示更多，会更全面地发展。

和红薯的亲密接触

杨宏宇

挖红薯啦

“孩子们，告诉你们一个好消息，我们班的红薯可以挖了！”我的话一出口，教室里顿时沸腾起来。一些孩子欢呼道：“杨老师，太棒了！现在就可以去挖红薯了吗？”一些孩子惊讶道：“什么，挖红薯？我都没挖过红薯。”和有些孩子一样，我也是第一次挖红薯，同样非常期待与兴奋。

带着期待与兴奋，我们来到了红薯地。放眼看去，长长的红薯藤爬满了地面，有的孩子拽起一根绿绿的藤，找了一会儿后诧异地问：“杨老师，红薯在哪儿呢？”“我们都没看到红薯。”其他孩子随声附和。听到孩子们的疑问，我认为这正是引导他们细致观察与探究、推理的好时机。于是，我问道：“那你们现在看到了什么呢？”他们说：“绿色的叶子。”我问：“还有吗？”他们说：“还有连着叶子的藤。”我说：“对，那个部位是茎，它可以将根部的水和无机盐传递给叶子，也可以将叶子里的营养传递给根部。现在我们看到了红薯的叶子和茎，那它的根部在哪里呢？”他们说：“土里。”我说：“是的，一般植物的根都埋在土里。除此之外，植物还有果实，它们会在哪里呢？”他们说：“树上，地上……”我说：“是的，有的小朋友说得对。有的植物的果实挂在树上，像我们吃的桃子、苹果等；有的长在藤上，像我们吃的西瓜；有的藏在土里，像我们吃的花生。今天，我们要挖的红

薯也是果实，它会在哪里呢？”孩子们开始四处找起来，但短时间内并没有结果。突然，有个孩子大胆猜测道：“红薯是不是埋在土里呢？”我没有回答，而是鼓励他去验证一下自己的想法。于是，一些孩子拿起铲子，开始一下一下地挖起来，在我的帮助下一根红薯很快从土里挖了出来。孩子们开心地叫道：“哇！我看到了！杨老师，真的是红薯，我看到了！”

之后，所有孩子都开始挖了起来，但土太硬了，一些孩子挖了好一会儿，红薯也没露出它的“大脑袋”。虽然有些沮丧，但孩子们想要挖出红薯的愿望非常迫切。此刻，我上前去安慰了他们，让他们先停下来想想办法。思考了一会儿后，有的孩子说去沙水区拿铲子，有的说往地里浇水，还有的建议去找保安爷爷询问方法。作为孩子们学习活动的支持者，我当然支持他们的想法，并鼓励他们去实现自己的想法。于是，一些孩子从沙水区拿来了铲子和小桶，接来水倒进土里，果然容易挖了很多。而找保安爷爷询问方法的孩子请来了保安爷爷，在保安爷爷示范用大铁锹挖出红薯后，也用同样的方法成功挖出了红薯。在获得成功的体验后，孩子们越挖越有劲儿，最终红薯大丰收，每个人脸上都挂满了笑容。

在孩子们挖红薯的过程中，我们发现将孩子置于真实的环境中，尊重并引导他们挖红薯的兴趣，会促使他们充满渴望、有思考地一步一步去观察、了解红薯，并主动去解决问题。

美味的红薯

“孩子们，红薯的身上都是泥，我们来动手洗一洗吧！”在我的号召下，孩子们抬着刚刚收获的红薯，来到了水池旁，然后打开水龙头，细心地用小手搓着红薯上的泥，边搓边发出感叹：“哎呀，这红薯上的泥真多！”“好脏的水呀，我们不怕。”……洗干净红薯后，孩子们惊讶地说：“原来，有的红薯穿着漂亮的红衣服，有的穿着黄衣服哦！”见孩子们对红薯依然保有探索的兴趣，我趁机问道：“孩子们，你们平时都怎么吃红薯

呢？”这个问题一下子打开了孩子们的话匣子，他们迫不及待地向我分享自己知道的吃法，如烤红薯、蒸红薯、拔丝红薯、红薯粥、红薯饼……听到这么多吃法，有的孩子忍不住提议道：“要不我们来做红薯吧？”这一提议得到大家一致赞同，但这么多做法，我们的条件有限并不能完全实现。于是，孩子们商量后决定烤红薯。

但烤红薯该怎么做呢？将洗干净的红薯拿到班里后，孩子们兴奋又迫不及待地开始讨论如何烤红薯。孩子们对于烤红薯的方法意见不一致，有的认为要整个烤，有的认为要切段烤，有的认为要裹上泥烤。根据孩子们的意见和意愿，我们进行了分组。认为红薯要整个烤的孩子细心挑选红薯，将它们放在油纸上送进借来的烤箱中；认为红薯要切段烤的孩子分工合作，有负责挑选、摆放红薯的，有在老师的帮助下负责切红薯的；认为红薯要裹泥烤的孩子找来土和上水并裹在红薯上，然后用锡纸包住红薯送进烤箱。“这个红薯究竟要烤多长时间？温度要调多高呢？”当孩子们把红薯放入烤箱后，他们遇到了这一问题。正当孩子们一筹莫展时，突然有人想到小王老师有做蛋糕的经验，便赶忙向小王老师询问，最终得到“180℃烤25分钟”的答案。有经验的将烤箱调到“180℃ 25分钟”后，孩子们开始了漫长的等待。

烤了没多久，烤箱里飘出了红薯的香味儿。闻到香味儿，孩子们十分好奇。为满足孩子们的好奇心，在保障安全的前提下，我让他们轮流在烤箱旁边观看，孩子们忍不住发出了“哇”“耶”的惊叹声。在惊叹声中，突然“叮”的一声响，烤箱的灯灭了，时间到了。孩子们激动的心瞬间被点燃了，他们迫不及待想要看到烤好的红薯。在我拿出烤好的红薯后，很快就看到了结果：采用整个烤和切段烤的红薯非常香甜，但由于没有用锡纸锁住水分，红薯吃起来稍微有点儿干；采用裹泥烤的红薯由于泥裹得有点儿厚，红

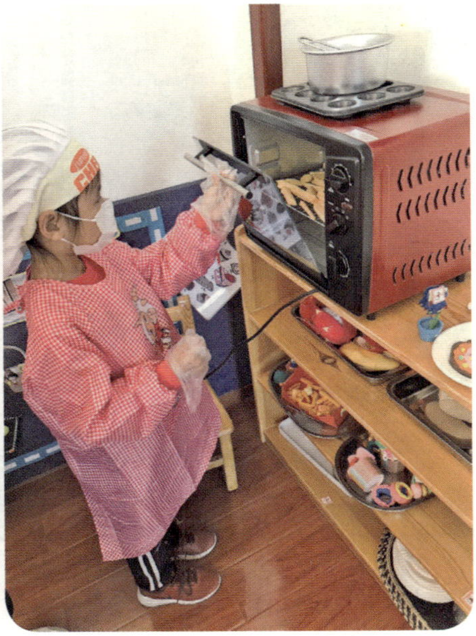

薯吃起来有些夹生。尽管如此，孩子们吃得都很开心，因为他们不仅吃到了红薯，更通过亲身体验学会了烤红薯的不同方法。

种红薯

继挖红薯、烤红薯活动之后，孩子们对红薯的热情依然不减，纷纷从家里带来红薯放到了自然角。

一天早上，早来的鑫鑫在自然角发现一个红薯发了芽，他兴奋得像发现了新大陆一样，将这个消息告诉了我和陆续来园的同伴们。围到自然角，孩子们仔细观察发芽的红薯。孩子们兴趣正浓时，我及时向他们抛出了问题："为什么红薯不种在土里也能发芽呢？植物生长的条件有哪些？"孩子们并没有准确的答案，带着疑问，他们回家和爸爸、妈妈一起查找资料，进行了讨论。

第二天早上，孩子们带着昨天的讨论结果来到了幼儿园。我们一起分享收集到的信息：植物生长需要空气、水分、适宜的温度、阳光和养分这五大要素；红薯属于块根类植物，在温度、湿度适宜的条件下，它自身的营养会支持它继续生长形成芽。听着孩子们分享自己知道的信息，看着他们那满脸自豪的样子，我提议他们进行种红薯比赛，并问他们："你们想把红薯种在哪里？"他们说："土里。""水里。""沙子里。"我接着追问："还有吗？"有的说："哪儿都不种，就让它在空气里生长。"有的说："我觉得

咱们也可以把它种在木屑里。”最终，我们商定将红薯分别种在土里、水里、沙子里、木屑里和空气中。选好大小相似的红薯后，孩子们将它们都种在透明的盒子里。

在接下来的日子里，每天早来园、区域活动时间，孩子们常常拿着放大镜在那儿观察，不时看看自己种的红薯，不时又看看种在其他地方的红薯，然后认真地做着记录。突然有一天，我听到孩子们在自然角里喊道：“它发芽了，种在沙子里的红薯发芽了！”闻声赶来的孩子们看到红薯上的小芽，特别兴奋、激动，第一个发芽的竟然是种在沙子里的红薯。看到孩子们兴奋的样子，我提示他们赶紧记录下来。在孩子们的悉心照料下，种在沙子里的红薯就这样第一个发芽了，随着时间的流逝，种在木屑里、水里、土里的红薯也相继发芽，现在班上的自然角已是一片郁郁葱葱。

回顾这一系列的活动，孩子们从之前的挖红薯、烤红薯体验到了乐趣和满足，由此对红薯产生了更浓的兴趣。而偶然发现处于空气中的红薯发芽了，更促使孩子们产生探究红薯的强烈好奇心，于是有了种植红薯的活动。这个种植活动使孩子们完整且真实地体会了猜想、验证的过程，获得了想象力、思维力等多方面的发展。由此，很好地证明了一点：兴趣是最好的老师，兴趣是最有效的动力。正如布鲁纳所说：“学习的最好刺激，乃是对所学材料的兴趣。”从兴趣出发，我们能更贴近自己的教育目标，促进孩子全面发展、快乐成长。

能吃的比萨

王　欣

《幼儿园教育指导纲要（试行）》中明确指出："教师应成为幼儿学习活动的支持者、合作者、引导者。"也就是说，教师要遵循幼儿的人格和权利，让他们成为学习的主动者，应尊重幼儿自身的兴趣和需要，充分调动每个幼儿参与活动的主动性和积极性，让幼儿自由、愉快地展现自己。

最近在幼儿园里，孩子们总是会聊好吃的。有一天早上，妍妍一来就对我说："王老师，我妈妈说明天要带我去吃比萨。"听到妍妍的话，另外几个孩子也插话说："我也吃过比萨。""我爸爸、妈妈上周就带我去吃比萨了。""我也喜欢吃比萨。"……看着他们谈论得不亦乐乎，觉察到他们对比萨的兴趣，我萌生了一个组织与比萨有关的活动的想法，在和班上的保育老师商量后，我们开始着手准备。

早饭后，我和孩子们围坐在一起，问他们："小朋友们，你们这么喜欢吃比萨，今天我们就来做比萨怎么样？"孩子们听了非常欣喜，喊道："好啊，太好啦！有比萨吃了……"然而，在其他孩子为这一消息兴奋激动时，康康却用疑惑的眼神望着我："王老师，那我们要用什么做比萨呢？"我没有立即回答，将问题又抛给他们："那你们想用什么来制作比萨呢？"他们七嘴八舌地说："我想用彩泥。""我想画一个大大的比萨。""我要用好看的彩纸制作比萨。""我想，我想做真实、能吃的比萨。""我也想！""我也想做能吃的比萨！""我也是，我也是！"……最后，越来越多的孩子表示想要做能吃的比萨。长期的相处似乎让我和孩子们形成了一种默契，关于做比萨这件事我们不谋而合。此时，正是我给孩子们惊喜的最佳时刻，于是我请出保育老师和食堂阿姨们，在她们把提前准备的食材放到桌子上的那一刻，孩子们发出阵阵惊叹，从中可以感受到他们的开心与期待。

在孩子们的期待中，我们开始制作比萨了。保育老师带领孩子们进行分组洗手、穿戴围裙后，我们观看、分析了各式各样的比萨图片，让他们对比

萨有基本的了解，启发他们想象、思考自己要制作的比萨，然后各抒己见。在确定孩子们有了自己的想法后，我问他们：“我们应该怎么做比萨呢？”有的说：“先揉面。”有的说：“先把需要的蔬菜水果洗好、切好。”……

孩子们给出的答案各不相同。结合孩子们的意愿和他们想做的比萨类型或他们确定的制作步骤，我们进行了分组。分组后，孩子们有条不紊地开始制作，有准备蔬菜水果的，有揉面的，有准备芝士和沙拉的。而我们老师和食堂阿姨们则在旁边协助。

“王老师，我要做一个蔬菜沙拉比萨。”豆豆一手拿着一个小番茄，笑着对我说。“老师，我爱吃肉和水果，我得做个烤肉水果比萨。”康康兴奋地说。我看了看在一旁一直默默忙碌的喆喆，问道：“喆喆要做什么比萨呢？”喆喆抬头看了看我，又低下头边忙边说：“我做的是夏威夷水果比萨。”这是蔬菜水果比萨组，他们的制作方法是先准备蔬菜水果，再和面制作。孩子们边洗蔬菜水果，边和我分享自己的想法。

在我协助孩子们制作并交谈时，突然听到一个孩子喊道：“老师，我们的饼皮泡汤了。”我赶忙跑到他们组，映入眼帘的是一盆面水，显然是在和面的过程中水放得太多了。我还没来得及说什么，辰辰大叫道：“璐璐，都怪你碰到我了，才会不小心放那么多水。”璐璐看了看说：“没关系，会有办法的。”她边说边往里面加面粉，辰辰见此也一起加，在两人的共同努力下，不一会儿面水变成了一大块儿面团。璐璐疑惑地说：“这也太多了吧，可能会放不进烤箱了。”辰辰眼睛一眨，兴奋地说：“有了，我们把它分成两张饼皮就

可以放进烤箱了。”看到他们成功解决了问题，我笑了笑悄悄走开了。

一顿折腾后，孩子们的比萨终于进了烤箱。“好香啊，王老师，我们的比萨熟了！”闻到比萨的香味，孩子们迫不及待了。待比萨端出后，我先请来各组的“厨师长”和大家一起分享他们制作的比萨，他们在介绍时非常兴奋，声情并茂地说着，仿佛做了天下最美味的比萨一样。看着他们那兴奋劲儿，我也不由得笑了起来。

这次做比萨活动，我做到了以关心、接纳、尊重的态度与幼儿交往，耐心倾听，努力理解幼儿的想法与感受，善于发现幼儿感兴趣的事物和偶发事件中所蕴含的教育价值，并把握教育时机进行适当的引导，使每个幼儿都能获得成功的体验。我也深刻体会到我们园所倡导的教育理念：要尊重规律，为孩子创设一个自由开放、自主探索的活动环境。在进行幼儿教育的过程中，教师要有所成长，要促进孩子的发展，就要因角色的转变而转变，要淡化“唯我”的地位，与幼儿共同探讨、共同进步。

疯狂“扎染”

王 月

扎染是中国民间传统而独特的染色工艺，其独特的艺术表现力和感染力对孩子们有着天然的吸引力，其兼具创造性和开放性的工艺能让孩子们充分地动手动脑。

在孩子们第一次进行扎染活动时，我们在美工区里请他们分组进行扎染。起初，为了开拓孩子们的思维，让他们更快掌握扎染的方法，从中获得成就感，并进行深入的探索，我们选择了容易操作的材料——宣纸。我简单地讲解扎染步骤后，孩子们开始自己动手尝试扎染。在折纸时孩子们小心翼翼，生怕力气太大，宣纸就会坏掉。有的用对折的方法，将宣纸对折、压紧，再对折；有的用卷的方式，将宣纸先卷起，然后再折好、压紧。在此过程中，他们细心而专注。折好纸后，接下来需要将纸夹紧。但是夹子太紧了，很多女生第一次夹时都没有成功，但是她们没有放弃，而是尝试第二次、第三次，反反复复，一直坚持。最后，她们终于打开了夹子将折叠好的宣纸夹紧。在克服困难并坚持不懈地完成了这道工序后，孩子们就开始“染”了。

在“染”的过程中，他们的眼睛始终盯着自己的作品，精心地选择扎染的颜色，静心地染色。其间，无论谁从他们身边走过，无论发出怎样的声音，他们都安静地沉浸在自己的扎染世界中。作品染完，静置一段时间后，孩子们把扎染的作品打开，一幅幅绚丽多彩的作品展现在大家面前。

看着眼前的一幅幅作品，孩子们惊奇地发现原来宣纸也能染出这么美的图案。那其他材料也能扎染吗？带着这个疑问，孩子们又开始了新的探究——扎染材料的探索。

这一天，孩子们从家里带来了各种各样的扎染材料，如手绢、围巾、书包、帽子等。在这些材料中，孩子们选择从简单的手绢开始探索。晨晨采用角对角对折的方式染出了一幅圆圆的作品；乐乐采用边与边对折的方式染出了一对漂亮对称的翅膀；飞飞以一个点为中心，采用卷的方式染出了一个花衣领。孩子们运用不同的折法使他们的作品各具特色。当然，在染的过程中并不是每个孩子都如此顺利，也有一些孩子遇到了问题，如有的手帕上只染出部分颜色，有的只染出几个圆点，这和用宣纸染出来的图案、色彩大不相同。尽管如此，孩子们的热情并没有减退，找到原因后，他们在区域活动中依然探索手绢的扎染，不仅探索不同的折法，还尝试不同的色彩配比。例如，大面积使用黄色，加一点点蓝色会有什么变化；同一个位置叠加两三种颜色会有什么效果等。在孩子们极具奇思妙想的探索中，他们呈现出的作品多种多样并各具特色。更可贵的是，孩子们在这个过程中表现出了与以往截然不同的专注，他们

全情投入，并由内而发地自主探索，迸发了很多灵感创意，并激发出更多热情与兴趣进行深入的探索，迎接新的挑战。

在帽子和书包的扎染中，孩子们在这种热情和兴趣的驱动下表现出了坚持不懈的品质。相对手绢来说，帽子和书包的扎染难度更大，无论是布料的厚度，还是材料立体的形态，对孩子们来说都是不小的挑战。但是，孩子们并没有退缩，而是采用分工合作的方式，如手巧的女生们折造型，力气大的男生们则两两合作，一个按着厚厚的作品，另一个努力夹紧作品。最终，在孩子们的共同努力下，一个个绚烂的扎染作品呈现在我们眼前。

通过这次扎染活动，我们可以感受到孩子们在这个过程中学习品质发生变化，他们越来越专注且懂得坚持；通过作品，我们可以感受到他们具有丰富的想象力与创造力。因此，我们可以得出这样一个观点：兴趣在一定程度上有助于孩子学习品质和创造力的培养，是促进孩子全面发展、快乐成长的有效途径。我们在培养自信、主动、友善、勇敢、健康、快乐的现代中国儿童时，必须注意扎根传统，立足孩子的兴趣和需要。

体验皮影

李 莹

皮影戏作为中国历史悠久、流传很广的一种民间艺术，承载了丰厚的文化内涵，具有丰富的故事性、现场的互动性，兼具动手能力的培养、舞台表演能力的培养等诸多优势，很容易被孩子们接受和喜欢，而且能使孩子们潜移默化地接受中国传统文化的熏陶。

基于此，中四班开展了为期半个月的皮影戏主题活动，对制作皮影、让皮影动起来、运用自己制作的皮影表演节目等进行了一系列的探索。

为什么我的皮影不动呢?

在美工区，孩子们在制作皮影，他们剪剪画画，不久便迫不及待地举着自己的作品来到幕布前要求表演。但摆弄了一阵后，他们发现自己制作的皮影和在电视上看到的并不一样——它四肢不能动，只能晃动身体。为什么自己制作出来的皮影动不起来呢？孩子们对此充满疑惑。有的孩子直接问道："老师，为什么我的皮影不动呢？"老师说："是的，好像出了什么问题。真实的动物和人是可以动起来的，我们得想想究竟他们是怎么动起来的。"受到老师的启发，孩子们开始琢磨起来。有的在摆弄手里的皮影，不时停下来想想，似乎在调取以往的经验来分析眼前的问题；有的在转动自己的胳膊，好像在体会转动的过程……仔细思考一番后，孩子们发现原来是关节发挥了作用。

连接点的问题

明白了皮影如何动起来后，孩子们开始动手制作。在制作的过程中，他们发现如果想让皮影的哪个部分动，就得单独制作哪一部分。于是，孩子们又重新单独制作了皮影的身体、四肢和头，但在连接这些部分的过程中又遇到了难题——用什么东西可以代替关节，既能连接，又能转动呢？对此，孩子们展开了一系列的尝试。有的在美工区用黏土粘，但黏土干一些后各部位就无法转动，而且容易折断；有的尝试用牙签穿，但牙签又尖又硬，且两头没有阻挡，装上的部位容易掉；还有的请老师帮忙找针线缝，但针线不仅不好操作，也不安全。最后，孩子们找到了吸管，发现只需将吸管两头分别剪开一点点，穿过打好孔的地方粘在两头，就可以达到既能连接又能转动的效果了，当然它的缺点是没有那么牢固。后来，我们买来一些两脚钉，使用效果非常好！

这是什么动物呀？

起初，孩子们的皮影道具是用硬纸板剪出造型轮廓再上色的。但是，在操作的过程中，孩子们发现有些小动物无法分辨清楚，这是为什么呢？经过老师引导，孩子们仔细观察后发现，用纸制作的皮影，光源打上去只能显示轮廓，看不到具体细节，再对比观察玻璃上画的物体投射的影子，原来是硬纸板不透光的缘故，所以小动物的样子无法分辨。于是，孩子们决定重新制作皮影，但用什么材料来制作呢？孩子们说需要透光，玻璃当然不合适，得寻找其他可以透光的材料。在幼儿园进行一番寻找后，孩子们最终在资料室里发现了老师塑封用的塑封膜，觉得很合适，就乐此不疲地开始了新一轮的制作。

光究竟打在哪里？

做好了皮影，支好了幕布，演出马上就要开始了。可是灯光一打开，小观众不乐意了，怎么都是演员的影子？原来灯光师站在小演员的背后打光，映在幕布上的都是演员晃来晃去的影子。怎么解决这个问题呢？有的孩子

说：“请灯光师在我们前面，只照皮影，这样就照不到我们了。”但是，通过尝试发现，这并不可行。最后，孩子们请灯光师站在侧面打光，但又发现灯光总是晃动。于是，孩子们又开始想办法，用夹着的灯或者其他方法再次尝试。

小棍太多拿不了

在起初制作皮影的过程中，孩子们想让哪里动，便在哪里连接一根小棍子，但在实际进行皮影表演时孩子们感觉太难了，小手根本拿不住这么多小棍。在这样手忙脚乱的操作中，孩子们认为这十分影响观感，对表演皮影的兴趣也有所降低。为激励并保持孩子们对皮影的兴趣，老师鼓励他们根据自己的能力和想要表演的动作进行调整。在反复试验后，中班手灵活度强的孩子用两根小棍来表演皮影，其余的用一根；大班的则普遍用三根小棍来表演皮影。最后，孩子们的皮影表演非常成功，他们都乐在其中，并继续尝试新的表演节目。

从制作皮影到表演皮影，孩子们对皮影戏有了较完整的体验。从中不难发现，整个过程中他们对制作皮影、探究光与影等始终保有兴趣。也正是这样的兴趣，促使孩子们在面对问题时不断自发地思考、尝试，最终获得成功。我想，这就是传统文化的魅力，就是兴趣的力量，就是我们坚持协和共育，为孩子创设自由开放、自主探究活动环境的结果。

第二章 顺势

顺势是什么？顺势是顺应孩子的生活经验、发展趋势，它既是一种态度，也是一种方法。在幼儿教育中，顺和的教育者坚持顺势而为。一方面，我们以包容之心、积极之态关注孩子们的生活，聆听、洞察他们的心声与发现，如《老师，我没哭》《滑梯有电啊》《三角形、正方形、圆形》；关注他们的生命状态与发展，从他们的身心成长规律出发，让他们与青椒亲密接触，化身“鸡爸爸、鸡妈妈”担起父母的责任，引导他们自己发现鞋子的秘密。另一方面，我们顺应孩子的发展趋势，将足球引入他们的生活，支持与促进每个孩子个体最大化的发展，培养其成为自信、主动、友善、勇敢、健康、快乐的现代中国儿童。

老师，我没哭

张雪征

2019年12月的一个周一早上，杉杉奶奶来送孩子，站在门口对我说："张老师，我跟您说，昨天真是吓死我啦，您差点儿就看不见我们的孩子了，说起来我得感谢老师们对孩子的教育啊……"通过与杉杉奶奶的沟通我得知，昨天杉杉爸爸带着她去北京儿童医院检查，其间杉杉去厕所，为了能及时领到检查结果，爸爸就站在厕所和叫号路段中间等她，就这样意外地杉杉和爸爸走散了。爸爸在医院里找了半小时也没找到杉杉，急得要报警时，杉杉自己联系上了爸爸并顺利找到了爸爸。

奶奶走后，我找到杉杉询问了昨天事情的经过。我问她："你找不到爸爸时害怕吗？"杉杉睁大眼睛告诉我："害怕，可是，老师，我没哭！"然后她告诉我，自己在厕所周围找了好久也没找到爸爸，但怕坏人把自己抱走就没敢大喊大叫，着急时想起了老师曾经告诉自己，当和家长走失时可以向周围的人求助。于是，她看到旁边的阿姨手里拿着手机便过去打招呼，告诉阿姨自己找不到爸爸了，请阿姨帮忙给爸爸打电话。阿姨给爸爸打了三次电话才打通。我觉得这件事是一个很好的教育契机，便决定在班上再开展一次教育活动——"当我走丢时"。

早饭后，我请杉杉为孩子们讲述自己昨天的惊险经历。孩子们一个个都盯着杉杉，起初杉杉有些不好意思，我鼓励她说："你昨天表现得很勇敢，你可以的，大声讲自己的故事吧！"受到我的鼓舞，杉杉的声音大了起来，孩子们听得非常认真。杉杉讲完后，我请班上每个孩子都说一说自己的感受。琪琪说："我觉得杉杉特别勇敢，要是我早就哭了，她都没哭！"佳佳说："我觉得她很厉害，知道找阿姨帮忙。"洋洋说："医院那么多人，杉杉还能自己找到爸爸，太了不起了！"优优说："如果是我，我肯定特别害怕，不停地大哭大叫。""如果是我，我就去找保安，请他帮我在广播里找爸爸。"

孩子们的畅谈给我们引出了新的话题，我趁机问道："如果你们在公共场

所走丢了，你们有什么更好、更安全的办法找到家人吗？”孩子们对这个话题很感兴趣，一个个把小手都举得高高的，有的迫不及待地站起来，有的甚至跑下座位向我走来。看到孩子们这么积极与热情，我请他们分组将自己的想法先和同伴进行交流。瞬间教室里热闹起来，孩子们三五成群地开始热议起来。十分钟后，我请每组派一个代表来跟大家分享他们认为最好的方案。有的说：“在游乐场走丢了可以去找售票员帮忙。”有的说：“可以找门卫帮忙。”有的说：“在菜市场走丢了，可以找卖菜的叔叔、阿姨帮忙，也可以找市场中的公平秤工作人员帮忙。”有的说：“在医院走丢了要找医生、护士帮忙，因为这样更安全。”还有的说：“一定要记住家人的电话和家庭住址。”“要先找老人帮忙，再找年轻人帮忙。”“要找带小孩的家长帮忙。”“也可以找警察叔叔帮忙。”

孩子们的分享让我既惊喜又宽慰，在分享过程中我们也一起梳理总结了以下方法：（1）在游乐场走丢可以找游乐场里的工作人员帮忙；（2）在医院走丢找穿白大褂的医生或护士帮忙；（3）在商场走丢找穿保安制服的人帮忙；（4）在集市、户外场所走丢可以找带孩子的阿姨或者爷爷、奶奶帮忙；（5）在博物馆、动物园走丢可以找工作人员帮忙。

活动结束时，孩子们还突发奇想地说：“张老师，我觉得我们可以收集一下各种行业的服装，帮助大家认识。”孩子们的想法非常出乎我的意料，但是好像又在我的意料之中，毕竟谁也不能低估孩子的想象力和创造力。

《幼儿园教育指导纲要（试行）》中指出："幼儿园必须把保护幼儿的生命和促进幼儿的健康放在工作的首位。"这就指明了幼儿园的安全工作，特别是孩子的安全是至关重要的。幼儿年龄小，缺少安全知识经验，缺乏独立做事的能力，因此基于孩子的生活经验或借鉴其同伴的生活经验来开展相关活动，会使孩子感同身受，更能领会保护自己的方法，而且让孩子的学习源于生活、用于生活，才是教育的本意。"走失"是孩子们在生活中会遇到的问题，作为幼儿教师，我有义务让每个孩子都知道如何用自己的力量保护自己，更有责任让每一个孩子都自信、勇敢、健康、快乐。

滑梯有电啊

杨宏宇

玩滑梯是每个孩子都喜欢的游戏，他们不仅享受从滑梯上滑下来的快乐与满足，还常常能在滑梯上面发现有意思的事情。

一天，天气晴朗，是个适合玩滑梯的好天气，孩子们兴奋地开始了滑滑梯游戏。玩着玩着，隆隆从滑梯上滑下来后，突然走到我身后，装做若无其事的样子，用手碰了我一下。顿时，我打了个“激灵”，麻麻的感觉袭来，我叫道：“啊，隆隆，你……”看到我要“发威”，隆隆朝我做了个鬼脸，然后就笑嘻嘻地跑开了。原来，这个淘气且聪明的小男孩发现了“静电”的秘密。在尝到“电”成功的滋味后，他开始尝试第二次、第三次、第四次……如此反复，他乐此不疲地玩着。等他再一次滑下来时，我赶忙向后躲，对他说：“隆隆，你摸摸，那个椅子上是什么东西？”听了我的话，他摸了摸旁边的木头椅

子，然后又想过来“电”我，但这次没电了，我大笑了起来。他用手叉腰，假装生气地说：“啊，气死我了！”然后他又快速走上滑梯，滑了下来。这次，无论我再说什么，他都不听了，追着我就过来了。周围的孩子们看到他这样玩，也纷纷学了起来。他们加入后，院子里顿时充满了欢笑声，你追我赶非常热闹。

回到教室，孩子们对“静电”的热情依旧没有消退，讨论着他们在生活中遇到的“静电”现象。涵涵说：“天气冷的时候，我从外边进来，手刚碰到门把手，就有电。”妍妍说：“我早上梳头发的时候，也有电，头发会粘在梳子上。”轩轩说：“冬天我脱衣服的时候，能听见啪啪啪的声音，有时还能看见一闪一闪的小火花！”听着孩子们的分享，我觉察到这是引导他们探索静电的契机。在仔细准备一番后，我为孩子们表演了一个纸片人的魔术，将提前准备好的纸片人摆出后，将尺子藏在身后悄悄与绸布摩擦，然后用尺子去碰纸片人，令人惊奇的是纸片人“站”了起来，孩子们都瞪大了眼睛、张大了嘴巴。为让孩子们清楚静电的原理，之后我又为孩子们完整演示了一遍，请他们认真观察。

通过观察及我的引导，孩子们知道了摩擦会产生静电，并在活动区开始运用这一原理不断尝试。于是，我在科学区投放了可供孩子们探索的材料，

如铅笔、吸管、塑料棒、泡沫球、纸片等，让他们大胆地猜想哪些材料通过摩擦后会产生静电，并通过亲自动手操作去验证自己的猜想，记录自己的试验结果。孩子们自觉主动、兴致勃勃地探索着，发现用绸布摩擦塑料棒后去吸泡沫球，塑料棒到哪里，泡沫球就会“飞”到哪里；将铅笔、吸管在衣服或者裤子、头发、皮肤上摩擦，都会产生静电……

细读《幼儿园教育指导纲要（试行）》我们可以知道，幼儿对一些材料或事物的操作与摆弄是他们的好奇心、探究精神的主要体现，幼儿对科学的体验是以感知为基础的，教师要引导幼儿注意身边常见的科学现象，并允许幼儿反复感知和体验。“静电”是生活中常见的自然现象，其产生的方式有很多种，如接触、摩擦等。这一次，孩子们就是通过偶然的发现、提出猜想、动手探索、得出结论来了解静电的。通常，这一类科学现象我们难以用语言清楚地向孩子解释其原理，像这样在孩子们的日常游戏中、生活里，让他们去发现，不断地感知，亲身去实践、探索，孩子们会更容易明白一些科学原理，并能将之与自己的生活进行联系。

从这一经验中我们也可以学习到：日常生活中有大量生动的科学教育素材，重视随时进行科学教育，会让孩子增加对科学的兴趣，学会用观察、比较、分析、推论等方法进行探索。更重要的是，这会进一步激发孩子的好奇心和求知欲，并扩展到其他领域，促使他们全面发展、快乐成长。

三角形、正方形、圆形

吴俊霖

“老师，老师！宁宁又淘气了。”默默跑到建筑区，拽了拽我的衣服，拉着我快步走到益智区。

在益智区里，宁宁拿着巨大的三角形当“枪”，嘴里喊着“突突突突突突”朝正在游戏的小明“扫射”，小明则推着圆形的积木当“盾牌”滚来滚去。看孩子们玩得这么开心，我灵机一动，把孩子们召集到一起，一块儿玩了起来。在大家玩得有些累时，我大声问：“宁宁，把你拿的玩具和小明换一换，可以吗？”宁宁一愣，看了看小明的“盾牌”，摇摇头说：“不换，不换，他那个不能当枪。”我问：“为什么呢？”他挠了挠小脑袋，看着我说：“小明拿的玩具和我的不一样。”然后他摸了摸三角形“玩具枪”的尖说道：“他的玩具没有尖。”我竖起大拇指说：“宁宁真棒，发现了两块积木长得不一样。”

宁宁的发现启发了我，这是从游戏中引导孩子们认识形状的好机会。于是，我拿起两个图形问孩子们："宝贝们，它们长得一样吗？"孩子们争先恐后地回答："老师，老师，'盾牌'没有尖尖。"……从孩子们的回答中我可以判断出，他们已初步具备将事物的不同之处进行简单比较的能力，能清楚辨认事物的特征，这有利于他们认识形状。于是，我说："这个能当枪的，有三个尖角，它的名字叫三角形。"我说完，孩子们异口同声道："三角形。"接着，我又从其他玩具筐里拿出一些大大小小的三角形，说："三角形宝宝有大的，也有小的，你们看，有三角形妈妈，有三角形宝宝，它们都是三角形家庭的成员。"听我说完，萱萱说："老师，我也有三角形。"说着他拿出一个三角形的玩具，举起来给其他孩子看。

就这样，孩子们认识了三角形。见他们乐于接受这样的学习方式，我趁热打铁，请孩子们寻找不一样的图形进行游戏。有的孩子拿着圆形积木在地上滚来滚去，有的孩子拿起方形积木在搭建。他们全神贯注于游戏，快乐地探索着。在孩子玩了一阵后，我拿起圆形问："这个能在地上滚来滚去的东西是什么呢？""老师，是个圆圈。"大宝抢着回答。"对，它叫圆形，可以在地上滚着走路。"我边说边拿起事先准备好的圆形，顺着高坡一推，它就滚了出去，几个孩子兴高采烈地追逐着玩。

当孩子们对圆形的玩法进行了一番探索后，我又拿起地上早已准备好的正方形木箱子问道："宝贝们，它是什么形状？"孩子们皱着眉头思考着，很多人摇了摇头道："老师，它和三角形长得不像呀！"我问："哪里长得不一样呢？"经引导后，孩子们知道了它是正方形，并发现了三角形和正方形的不同之处。

为了让孩子们进一步了解图形，知道它们与我们生活的紧密关系，我创编了一个《熊大、熊二帮小白兔盖房子》的故事，请孩子们与熊大、熊二一起帮助小兔子盖房子。在故事中，孩子们探讨房子的搭建时说："熊大和熊二要帮助小兔子盖一个小房子，该从哪里开始盖起呢？""下面。""屋顶。""不行，先搭屋顶，下面没有东西，屋顶会掉下去的。"一番争论后，孩子们确定了房子应该从最下面开始搭，但用什么图形来搭呢？孩子们调取以往的经验，找来正方形的木箱子，将木箱子连续垒了几层后，房子的主体就搭建好了。但用什么来当屋顶呢？倩倩发现了三角形，她将三角形积木快速地放在正方形箱子上面，一个屋顶就搭好了。"门和窗户还没有呢，怎么办？"孩子们在正方形箱子上挖了两个圆圆的洞做窗户，挖了一个方形当做门。“小朋友们，房子盖好了，你们愿意去小兔子的新家看看吗？”“愿意！”孩子们欢呼着，纷纷在木箱中钻进又钻出。“可是，小兔子又遇到问题了！”我留下了一个悬念，让孩子们去思考，也为我们的下一次活动做好铺垫。

从这次活动的结果和活动得以拓展延伸这一点来看，活动无疑是成功的。值得注意的是，这是在孩子们玩玩具过程中，教师偶然间发现孩子们对三角形、圆形和正方形的兴趣而引出的活动。活动的过程更是以问题或孩子们喜欢的故事情境来引导孩子不断观察发现，使孩子们认识了图形，了解了它们的特点和用途。 这很好地说明了一点：只有基于孩子们的生活，尊重规律，顺应孩子的天性和需求，协和共育，才能更好地促进孩子的全面发展。

我剥的青椒真好吃

张　晨

午餐时间到了，孩子们为了不吃菜想出各种奇招。有的把菜挑出来放到桌子上；有的把菜悄悄地丢到地上，用脚踩住；还有的开启发愁模式，一直到收碗还在念叨："我不吃这个绿色的。"虽然我运用趣味性的语言来引导，甚至通过奖励等方式来鼓励孩子们吃蔬菜，但他们挑食、偏食的现象还是较多。

《3～6岁儿童学习与发展指南》中指出，要"帮助幼儿了解食物的营养价值，引导他们不偏食不挑食"，"幼儿的学习是以直接经验为基础，在游戏和日常生活中进行的"。为改变孩子们挑食、偏食的状况，结合小班孩子喜欢游戏的特点，我们在孩子们度过入园焦虑期后开展了"我爱吃蔬菜"的主题活动。

认识蔬菜朋友

在美工区，我悄悄投放了一些方便拓印的蔬菜，孩子们在涂鸦时发现了它们后立刻用起来。很快，他们完成了作品并开始介绍，一下子吸引了许多孩子过来欣赏。见此我问道："孩子们，你们是用什么工具做的？"孩子们指着蔬菜工具说："是这个绿色的菜。""是这个白色的。"有知道蔬菜名称的直接说："是胡萝卜。""好好玩，蔬菜也能画出这么美的画！"通过孩子们的话我感受到他们对蔬菜的好奇，感觉请"蔬菜"来班级做客的时机到了。我说："你们

看，这些新工具是‘蔬菜宝宝’，请小朋友回家和爸爸、妈妈挑选一个最喜欢的蔬菜宝宝带回幼儿园，并介绍你带的是什么蔬菜。”之后，我在家长群再次说明了此事，家长们一致响应。就这样“蔬菜宝宝”纷纷来到班里，我们利用点名环节请孩子们介绍蔬菜，并让他们在蔬菜图片中找到自己所带的蔬菜贴到墙面上。

孩子们带来的蔬菜种类十分丰富，虽然一部分是常见的，是在幼儿园、家里会吃的蔬菜，但另一部分并不好认。为了帮助孩子们认识这些蔬菜，我们在科学区开了一家小小菜市场，需要蔬菜的孩子都可以来买，但支付的方式很特别，即用蔬菜透明卡换蔬菜。买菜的孩子需要仔细辨别蔬菜的明显特征，确定自己要买的菜，再点数自己买的菜需要几张蔬菜透明卡；卖菜的孩子则需要检查蔬菜透明卡的数量和蔬菜数量是否一致。通过买菜活动，孩子们不仅认识了许多蔬菜，还锻炼了点数的能力。

蔬菜的秘密

借助点名游戏的新玩法，我们进一步挖掘与蔬菜相关的知识。事先孩子们和家长一起查阅了某种蔬菜的“家”，然后开始了新一轮的介绍。陶陶说：“我的菜花是白色的，它的家在土地上。”在介绍的同时，孩子们既深入认识了蔬菜，又锻炼了完整讲述的能力。之后，为了更直观地了解植物的“家”，我们加入了种植活动，请孩子们根据植物的爬架等特征对植物进行分类，并请他们自由认领，在家种植后带回幼儿园。每天，小值日生都会负责给它们浇水，所有孩子更是不忘在空闲时去观察自己种的蔬菜，看完后他们总会骄傲地告诉我：“老师，我的豆角长高了！”等植物又长大一些，我和孩子们一起为爬架植物搭了架、给土培植物换了盆。就这样在实践中，孩子们进一步加深了对蔬菜生长环境的认识。

在种植过程中，通过观察我发现有些蔬菜虽方便孩子操作，却是大部分孩子不爱吃的，如菜椒、小油菜、芽豆等。看到孩子们如此悉心地照顾它

们，意识到这是引导孩子们爱上这些蔬菜的好时机，于是我引导孩子们更多地关注它们、运用它们游戏，并结合食谱，当天出现哪种蔬菜就请孩子们自己动手摘下，然后把蔬菜送到厨房请阿姨帮助炒好。

一天，菜地里新长出了菜椒，我请孩子说了它的基本特征后，孩子们开始做“切配厨师”的工作——掰菜椒。他们洗干净小手、菜椒及工具后开始动手操作。不爱吃菜的嘉嘉举起菜椒块对我说：“老师，我掰的菜椒块小不小？”不喜欢手工活动的乐乐说：“老师，您看我全掰完了！”这是孩子们第一次参与，他们表现出了比对手工更浓厚的兴趣。菜椒的做法有很多种，其中一种是凉拌，我就此向孩子们问道：“没有炒熟的菜椒可以吃吗？”孩子们都说不可以。我通过电视放映了凉拌菜的图片，观察仔细的硕硕一下子发现了里面的菜椒，他们也知道了原来菜椒是可以生吃的。拿来菜椒，孩子们都小心翼翼地尝了一口。桐桐说：“有点儿甜。”皓皓说：“它是脆的。”孩子们都踊跃地表达自己的感受。最后在中午，孩子们吃了自己参与制作的菜椒炒鸡蛋，连不爱吃菜的孩子也尝了尝。有了开心的尝试，接下来每周孩子们都亲自动手，有的孩子甚至早早地就问：“老师，今天做什么菜？”

从孩子们主动询问的表现来看，参与蔬菜的制作可以让他们带着成就感尝试，进而改变蔬菜很难吃的看法。究其根本原因，我想是尊重规律、协和共育的结果，即尊重孩子们的发展规律与需要，创设让孩子们自主探索的环境。

和蔬菜做游戏

在前期的蔬菜活动中积累了经验后，根据孩子们的阶段发展目标和实际需求，我们进行了深入探索，设计了各种以蔬菜为辅材的区角活动。

活动主要分为两种类型。一种是以蔬菜为游戏内容，开展区域游戏。如在表演区，孩子们喜欢表演拔萝卜，因为这个游戏台词简短、动作十分有趣，孩子们喜欢模仿表演。其中，硕硕最喜欢表演拔萝卜了，每次他总是第一个走到衣服架前选择“大萝卜”的衣服。如果碰巧表演人数不够时，他会不停地问其他孩子：“你想加入表演拔萝卜吗？”在表演时，他会随着拉的动作，摇摆身体，晃脑袋，嘴里还会喊着“快点儿，赶紧拔”“我很大，你们拔不动”等自创的台词。

在娃娃家，孩子们喜欢在厨房做饭。每当我去做客时，孩子们会告诉我：“这是西红柿鸡蛋汤，这是土豆丝。”他们会介绍不同的菜。在游戏中，孩子们了解到厨具简单的使用方法，知道刚出锅的菜不能直接用手碰等安全常识。

在搭建区，这里则变成了小菜园。为什么会有如此变化呢？原来，班级内蔬菜种植盆太多，植物角放不下，为了让植物更好地结果，我和孩子们决定一起转移蔬菜。在观察了小菜园的建筑特点后，孩子们来到建筑区设计了自己想要的菜园并进行搭建。摆放完之前种植的植物后，孩子们发现还有空间，灵机一动想到了美工区的蔬菜，便将区与区进行联合，种植了美工区的蔬菜，生成了新的游戏。

另一种是以蔬菜为辅材，结合领域核心知识、技能设计了多种多样可供孩子们操作的材料。如在益智区，我们投入了大量有关蔬菜的玩具，有拼图、接龙、排序、分类、找影子、迷宫等，每天开区前我会介绍一种玩具，孩子们总是兴致勃勃地去玩。可能是有兴趣的原因，孩子们玩得非常投入，因此，在区域点评时，他们介绍得格外丰富，自己的想法、做法也表达得更清晰、完整。

除了这些，我们还设计了蔬菜系列

的集体教育活动，如绘本、培养进餐习惯的儿歌、故事、盥洗方面的手指游戏等。通过这些，我们培养孩子们良好的卫生习惯和饮食习惯。通过户外活动时的土豆炸弹、蔬菜蹲、茄子超人向前冲等游戏，孩子们在快乐游戏的同时，也掌握了运动技能、提高了身体素质。

回顾所有关于蔬菜的活动，我们可以看到，孩子们不喜欢吃蔬菜的问题被解决了，孩子们在活动中总会露出快乐的笑容，他们不断探索，也不断收获。同时，蔬菜的故事也告诉我们，要关注孩子身边的事，要贴近孩子的生活，去观察他们的所想、所做和所需。这样，我们才能切合孩子实际探索的需要，才能创设使孩子能真感受、真体验，对孩子真正有意义，并促进其全面发展、快乐成长的活动。

照顾蛋宝宝

王 蒙

经过一个暑假，孩子们的能力都提高了不少，掌握了很多新本领，但令人担忧的是家长包办代替的现象还是较严重。为培养孩子们的独立性、自主性及责任心，我们特意开展了“我来照顾蛋宝宝”的活动。活动前，我对孩子们说：“小朋友们，你们会照顾自己吗？你们会照顾小宝宝吗？”“既然大家都说会照顾，那明天我们每个人当一天鸡妈妈或者鸡爸爸，好吗？明天我们需要一直带着鸡蛋宝宝，和它一起做游戏、一起吃饭、一起做操，开动脑筋想一想，怎么将鸡宝宝带来并照顾好它呢？”和孩子们沟通后，在微信上我也和家长进行了沟通，请他们为孩子准备煮熟的鸡蛋，并要求不能告诉孩子鸡蛋是熟的，让孩子自己想办法将鸡蛋带到幼儿园。

第二天，每个孩子都高高兴兴地带来了一个鸡蛋宝宝。有的直接把鸡蛋拿在手里，有的装进裤子口袋里，有的放在小书包里，还有的放在空荡荡的大纸盒里。午餐前，我问孩子们：“你们一会儿吃饭的时候把鸡蛋宝宝放在哪里呢？你们去洗手的时候谁来照顾蛋宝宝呢？”孩子们有的说放在手里，有的说放在柜子里。对于放在柜子里的想法，一些孩子提出了疑问：“如果放在柜子里，被偷走怎么办？”这个问题一下子将小家伙们难住了，他们开始想办法，而我则给予他们足够的空间去独立解决。

到了餐前洗手环节，东东是值日生，她轻轻地将鸡蛋宝宝装进自己的裤袋里，以便腾出手帮助伙伴们挽袖子，在空闲时间她偶尔会用小手轻轻地摸摸鸡蛋宝宝，确定鸡蛋宝宝是否还在口袋里；要洗手的乐乐由于衣服没有口袋，就将鸡蛋夹在腋下，小心翼翼地走到盥洗室，可她刚抬起胳膊要洗手时鸡蛋宝宝就从她腋下掉了出来。欢欢的鸡蛋宝宝在她举手时不小心掉到了地上；东东盛完饭回到座位时忘记了裤袋里的鸡蛋宝宝，一坐下就将鸡蛋宝宝压碎了。因为接连有鸡蛋被压碎，教室里顿时充满了孩子们的哭声、叫喊声：“老师，我的鸡蛋宝宝被压碎了。”“老师，我的鸡蛋宝宝掉下来摔破了。”“老师……”“老师……”在我还没来得及开口安慰孩子们的时候，班里年龄较大的萱萱说道：“你们别哭了，蛋宝宝虽然碎了，我们教室的地板也脏了，我们先把教室打扫干净吧。”萱萱的话刚落，我立即用肯定的目光看向她，同时说道：“萱萱说得对，现在虽然有些蛋宝宝碎了，但是有些小朋友的蛋宝宝还保护得很好，教室里碎了的蛋宝宝怎么办呢？”“清理，打扫。”“但是由谁打扫呢？”“我来！”“我去吧，你照顾你的蛋宝宝吧！”话落，一些孩子纷纷行动起来，另一些孩子则放下手中的筷子轻轻地安慰哭泣的伙伴。过了一会儿，教室里恢复了安静，孩子们继续进餐。

过渡环节时，有的孩子轻声安慰自己的好朋友，有的孩子和蛋宝宝完好的伙伴交流：“你知道我的蛋宝宝是怎么碎的吗？因为我把它忘了，我真不是个好妈妈。你的蛋宝宝还很好，我可以和你一起照顾它。”

户外活动时，一些孩子小心翼翼地拿着自己的蛋宝宝，但那些将蛋宝宝放在盒子里的孩子遇到了难题。我想，孩子们自己会想到办法解决的。果然，给了孩子们时间，他们自己想到了好办法：孩子们将两个或多个蛋宝宝放在一起，轮流守护，交换着玩游戏。这个办法兼顾了守护蛋宝宝和玩，很难想象这是孩子们自己想出的办法，但是他们确实做到了。午睡时，孩子们如法炮制，一个人守护蛋宝宝，其他人换衣服，换好衣服后他们带着自己的蛋宝宝睡觉了。经历了一些蛋宝宝碎掉事件后，孩子们似乎对"责任"有了更深的认识，他们格外珍惜现在的蛋宝宝，起床之后的第一件事便是检查蛋宝宝是不是被自己压坏了，整个下午都小心翼翼地保护蛋宝宝。

到晚上放学时，将鸡蛋宝宝保护完好的孩子高高兴兴地回家了，而鸡蛋宝宝碎了的孩子和他们的家长留了下来，讲述他们一天的经历。虽然鸡蛋宝宝碎了，但是他们学会了关心、学会了照顾，也学会了分享，更收获了成长中宝贵的经验。

《3 ~ 6岁儿童学习与发展指南》中指出："经常给幼儿分配一些力所能及的任务，要求他完成并及时给予表扬，培养他的责任感和认真负责的态度。" 责任心是一种高尚的道德情感，是一个人对自己的语言、行动等保持认真负责、积极主动的态度而产生的情绪、体验，是孩子们未来发展、立足社会的重要因素。著名教育家马卡连柯也说："儿童的责任感，对父母、家庭怀有感激之情等等，随着时间的推移扩大起来，将会扩展到对国家和人民的态度上来，扩展到对人民的热爱和关心上来，并且扩展到使我们国家的公民得以幸福生活的一切工作上来。"但责任心不是与生俱来的，也不是到一定年龄会自动出现的，它需要个人在长年累月的生活中经历和体会不同的情境慢慢获得。在顺和幼儿园，我们深深懂得这一点，并一直以为幼儿的终身发展奠定良好的素质基础为教育目标。这一次，我们基于孩子们的生活状况，以孩子们亲身体验的方式来培养他们的责任心，就是一次成功的经验。之后，我们可以以此为脚本进行更多的尝试和创新。长此以往，我相信责任心这种优良的品质会在孩子身上形成，甚至还有更多。

鞋子宝宝不吵架了

田丽娟

孩子们在园的一日生活里，其实隐藏着很多教育契机，需要我们用善于发现的眼睛去寻找，并提取出来回应孩子。在这里，我们分享一个利用孩子们生活中隐藏的教育契机开展教育的小故事。

在班上，通过平时观察我发现孩子们的自理能力亟待提高。虽然部分孩子已经学过穿鞋子，但左右脚穿反的现象还是常有发生，即使老师一遍遍地纠正，效果也不佳。每天午睡起床时，班上总有四五个孩子将鞋穿反，告诉他们穿反了需要换过来，有的孩子“碰巧”能换对，有的孩子则换了几次还是反的，需要我帮助他们。《幼儿园教育指导纲要（试行）》在健康领域对幼儿有一个重要的目标：“生活、卫生习惯良好，有基本的生活自理能力。”也就是我们要培养孩子的生活自理能力。孩子们不能自己正确分辨鞋子的正反，显然这有碍于他们自理能力的发展，我需要创造机会帮助他们。

一天午睡起床后，我发现几个孩子又把鞋子穿反了，突然灵机一动，说：“哎呀！老师发现有很多宝宝的鞋子在吵架，它们正歪着头生气呢！你们看见没有？快把小脚并拢找一找。”听我一说，孩子们马上把小脚并拢。大晨说：“我发现了，阳阳的鞋宝宝吵架了。”小牛说：“嘻嘻的鞋宝宝也吵架了。”听着孩子们你一言我一语，我提醒道：“快让它们和好别生气了，帮它们把头扭过来。”几个穿错鞋子的孩子一下子意识到了，赶紧把鞋换过来。我说：“现在我们每对鞋子宝宝都成了好朋友，不再吵架了，它们还相互点头微笑呢！”从那天以后，每天起床我只要发现有孩子把鞋子穿反了，就会用同样的方式提醒他们：“快看看，你的鞋宝宝又在吵架了。”每次，他们都会马上纠正，有的孩子穿好了还开心地说：“我的鞋宝宝不吵架了。”

虽然上述策略比较有效，但接下来的几天还是会有个别孩子把鞋子穿反，为什么孩子们还是会把鞋子穿反呢？仔细思考、分析后，我明白了，因为这只是我的发现，并不是孩子们自己的发现。那怎样让孩子们能够自己发现呢？从

小班孩子的发展规律来看，这个时候的他们可以很容易分辨上下，但对左右难以分辨，但如果辅以参照物，将很有效地帮助他们。弄明白这点后，我开始寻找引导孩子们可以自己发现的机会。一天，我忽然发现孩子们穿反的鞋子向外翘着，看上去像两个小耳朵，便对孩子们说：“小朋友们，请仔细观察下，你们的鞋子像什么？”孩子们不约而同地将自己的两只脚并拢，仔细看了看说：“像大耳朵。”我说：“哇哦，真的很像大耳朵啊！那请你们再观察下，穿反的鞋子像什么？”孩子们盯着鞋子看了会儿说：“像噘嘴的耳朵。”我说：“哈哈，很有意思，那你们以后穿鞋子的时候注意不要让鞋子噘嘴哦！”之后，因为孩子们认真观察鞋子的缘故，他们很容易能判断出鞋子的正反，几乎很少再有人将鞋子穿反了。

因为有了这次的成功经验，在以后一日生活中，我更注意引导孩子们自己去发现。因此，怎么去判断鞋的左右，孩子们又找到了不一样的方法，如有图案的鞋子，图案一般在两边；有粘贴的鞋子，粘贴要挨在一起。至于如何穿脱鞋子，孩子们也找到了不同的方法……

《幼儿园工作规程》中指出：“综合组织健康、语言、社会、科学、艺术各领域的教育内容，渗透于幼儿一日生活的各项活动中，充分发挥各种教育手段的交互作用。”通过引导孩子们分辨鞋子左右的成功经验，我们可以感受到，从我们的教育原则出发，尊重孩子们的主体性、发展规律，关注他们一日生活的细节，我们会从中寻得教育契机。如果我们用心思考，从专业的角度分析，那么我们会找到孩子们喜欢并乐于探索的活动，从而促进他们全面、可持续的发展。

最美的“绿”

李金蓓

刚到顺和幼儿园时，我便看到园内藏着一抹绿，怀着强烈的好奇心走进去一探究竟，原来那绿是一个足球场。为什么这里会有一个足球场呢？紧接着这个疑问浮现于脑海。通过之后的工作我找到了答案，并认为这绿是顺和幼儿园最美的“绿”。

在顺和幼儿园的人都知道，我们一直坚持做的一件事就是办足球特色园。在办足球特色园的道路上，我们虽历经艰辛，但终究见得了色彩。

在足球场上发生的一些故事也总是让我感动。在一次“足球嘉年华”活动中，一场“绿色的比赛”让我久久不能忘怀。在那场比赛中，我们大三班荣获季军。虽然我认为孩子们已经表现得非常“完美”了，但孩子们因为集体未取

得更好的成绩而感到沮丧，有的甚至流下了泪水。目睹这一刻的我深受震撼。大班的孩子普遍在5岁左右，这个阶段的他们具有一定的竞争意识，但具有如此强烈的集体荣誉感却令我意外。这个意外让我非常感动并为他们骄傲。

其中，最让我感动的是一个叫想儿的孩子。他非常活泼好动，踢足球的技术虽不拔尖，但对足球的热情不比任何人少。在比赛前，当老师问“谁想最先上场”时，他高高地举起小手，用坚定的眼神看着我们。考虑到机会有限，尽可能让更多的孩子有机会上场，于是老师决定采取轮流上场的方式。轮到想儿上场时，他在最美的“绿”地上竭力飞驰，但下场时眼泛泪花。感受到他情绪变化的我并没有直接安慰他，或许这一刻支持与赞美更能给他力量。于是，我说：“想儿踢得非常好，将帽子戴好，千万不要生病哦！”听了我的话，想儿只是对我微微一笑，然后默默地坐好，继续为同伴们加油。

我认为想儿已经没事了，然而在比赛结束时他悄悄走过来对我说：“谢谢老师，我踢得不好，让您失望了！”突然听到这句话，我心疼得想哭，但理智让我极力止住泪水，将激动的情绪化为暖暖的拥抱，我抱着想儿激动地说：“你是最棒的！你没有让我失望！你们才是我的骄傲！”听了我的话，想儿露出了久违的笑脸，高兴地问我：“真的吗？真的吗？”我用力地点头，肯定地回答道：“当然是真的！”

之后，我们又参加了足球闯关比赛。这是“足球嘉年华”之后的一个比赛，所有孩子皆可参加，共五项，每一项都会选出前三名的班级。在第三项游戏开始前，想儿跑上前来对我说：“老师，我要上场，这次我会更努力的！”听了他的话，我突然明白了足球对于孩子们的意义，在足球场上孩子们会全力以赴，在足球场上孩子们失败了会向前看，会更努力、进取、自信……

到这时，我真正懂得了足球场上的绿是顺和幼儿园最美的“绿”。办足球特色园，在幼儿园里开展足球运动，这些都源于我们顺应教育发展趋势，坚持尊重规律、协和共育、全面发展、快乐成长的教育理念，支持与促进每一个个体最大化的发展，促进孩子的可持续发展，为他们未来的人生蓄满力量。

我不想退出足球队

魏俊平

依照惯例，每天早上来园后我都会进各班巡视。今天，一踏进大四班我就看见“小捣蛋”岑岑乖乖地坐在椅子上，无精打采地玩着手里的玩具，这可真是少见啊！当我转了一圈刚要迈出他们班时，岑岑却快速地跟了过来，拉着我的手用低沉的声音说：“园长妈妈，您能帮帮我吗？我不想退出足球队。”

我说：“我很想帮你，但是我要知道发生了什么事。”他靠近我的耳朵，刚要说，却看到班门口正在迎接来园的老师，便问道：“王老师，我有话想单独和园长妈妈说，离开一会儿可以吗？”得到老师的应允后，他快速地把我拉到办公室，很难为情地告诉了我整件事的经过。

原来是在训练时，教练在示范足球，他踢跑了教练的球；其他队员练球时，他又将球踢跑。教练多次提醒引导他，他仍然再犯。无奈，教练只能请他退出球队。

看他的神色，他似乎很懊悔。果然，他说：“园长妈妈，这次我真的知道错了，您能帮我跟教练说说，别让我退出球队行吗？我真的很喜欢踢足球。”

“你知道自己做错了事，能够勇敢地跟我说，我很愿意帮助你。你知道自己以后该怎么做吗？”

“我保证不再给教练捣乱了，认真听教练讲话，跟小朋友们一起认真游戏练球……”

“好吧，我陪你一起去找教练，你把想说的跟教练说清楚，好吗？”

“好！我们现在就去吧！”说着他迫不及待地拉起我的手，去找教练（大二班卞教练、大一班王教练是我园的足球教练）。我们来到卞教练班上，可惜他没在。于是，岑岑说：“要不咱们看看王教练在不在？”说着，他又拉着我向大一班走去。看到王教练在班上，他很高兴。“我可以在这里等你吗？”我指了指门口。他“嗯”了一声后快速地走了进去，礼貌地和其他老师打了招呼后，将王教练拉到班级的一个小角落，轻声地向教练承认了错误，希望教练给他一个机会。王教练回应了他。获得王教练回应后他好像轻松了一些，对我说："咱们再去看看卞教练在不在。"我问："王教练答应你了？"他说："王教练说要先看我在班级活动中能不能兑现承诺，然后再答应。您放心，我一定能够做到。"

再次来到大二班，在门外我们还是没有看见卞教练的影子。这时，大二班张老师主动询问道："岑岑，你找谁？"岑岑说："张老师好，卞教练在班上吗？"张老师说："岑岑今天真有礼貌，卞教练现在不在，你有什么事我可以转达给他。"岑岑说："谢谢张老师，不用您转达，您知道他什么时候在吗？"张老师说："区域活动的时候可能会在班上。"岑岑说："张老师再见！"对岑岑的行为感到奇怪的张老师一脸疑惑地看着我，我笑着摇了摇头。见我没有和张老师说什么，岑岑很安心地拉着我走回班级。到了班里，看到别的孩子在做早餐准备，他礼貌地说："王老师，我回来了。""岑岑，你去干什么了？"王老师关切地问。"没什么事，王老师，我去洗手了。"他边说边看向我，我会意地跟他和王老师微笑着挥手告别。

到了区域活动的时候，岑岑又来找我陪他去班里找卞教练。不巧的是卞教练还是不在，他再一次询问张老师。张老师告诉他，明天卞教练早班，早上一定在班上。

第二天早上，来园的音乐刚刚响起，岑岑就飞奔着来找我，拉着我并催促我快点儿和他去找卞教练。到了卞教练班上，岑岑同样把卞教练拉到一个小角落，诚恳地认错。与此同时，岑岑姥姥追赶了过来对我说："今天孩子很早就起床了，催促我早点儿送他上幼儿园，问他什么事，只说有事找园长妈妈，别的不让问。"对于岑岑这样的行为，岑岑姥姥似乎很想了解清楚。明白岑岑心思的我安慰岑岑姥姥说："您放心！岑岑长大了，他在自己解决问题。"见我一直为他保密，岑岑很开心地看着我："谢谢您，园长妈妈！"我说："谢我什么，我没干什么啊？""您陪我找教练，还帮我保密，我太爱您了！"说着他给了我一个拥抱。我揽着他的肩问："怎么样，问题解决了吗？"他说："嗯，差不多，就看我的努力了，您相信我吗？"我用力地点点头说："当然！你一定能够成功的。"说着我伸出一只手，他马上心领神会地伸手跟我响亮地一击，说："我一定能够成功！"

果然，岑岑没有辜负我的信任。到了下午，王老师特地跑过来找我，问我究竟发生了什么事。她告诉我，岑岑回去后好像变了一个人，竟能坚持几分钟不走神，而且在班上还主动帮助别的孩子，再没有人来告他状。为使岑岑坚持并获得更大的进步，我把事情原委告诉了王老师并请她转告家长，让家长安心。同时，我也表达了自己的想法，希望他们配合装做不知道，并在岑岑有进步时能及时地给予鼓励。

就这样，在大家的协作和两位教练的配合下，通过自己的努力，岑岑在班级中的表现得到了大家的认可，他很快又回到了足球队。

其实，岑岑的故事就是我们开展幼儿教育的一个缩影。面对如今教育改革的大趋势，我们需要顺应孩子的天性，贴近孩子的生活，聆听、洞察孩子的心声，遵循孩子的身心成长规律，关注、满足人类社会与未来世界对人才的需求，从而为孩子提供适合的课程设计、个性成长方案、学习条件及自由成长的氛围……顺应这些，于是我们走上了足球特色园的道路，从我们的价值观——顺应天道、和实生物出发，对孩子因势利导，发现他们的兴趣，分析他们的个性特点，理解、尊重和帮助他们，为他们的成长创造一个和谐的环境，让他们每个人都可以展示自己的个性与精彩。

不敢上球场的辰辰

王亚楠

《幼儿园教育指导纲要（试行）》中将幼儿的健康放在头等重要的地位，而健康特别是现代人所倡导的健康观，是一种整体健康的观念，世界卫生组织就提出“健康不仅是躯体没有疾病，还要具备心理健康、社会适应良好和有道德”。足球作为世界上第一大运动，既能促进人的身体健康，也能促进人的心理健康，增强人的社会适应能力。在顺和幼儿园，我们顺应发展趋势，开展了足球运动，而孩子们也格外喜欢。

记得一天，足球课训练已经结束了，但孩子们意犹未尽，向我请求道：“王老师，咱们再来一场比赛吧！”见他们如此积极，我同意了再来一场比赛。

随着一声哨响，新一轮比赛开始了，球在孩子们脚下滚来滚去，像个调皮的孩子。突然，一个孩子抢到了球，十分灵活、快速地将球带到对方球门前，用力一脚，球进了。同队的伙伴欢呼道：“又进一球！又进一球！”一下子场面热闹非凡。然而，辰辰却与这画面格格不入，他静静地站在一旁，只是看着足球被踢来踢去，没有任何反应。感到奇怪的我走过去询问辰辰，他睁大两只水汪汪的眼睛委屈地告诉我：刚才昊昊差点儿把球踢到他的肚子上，后来又差点儿踢到他的脸上，他害怕得不敢再踢球，担心会受伤，但因为很喜欢踢足球，所以就在一旁看着。听完他的讲述，我轻轻地握住他的手，鼓励道：“我知道你一定能行，我们一起再去踢球吧。”说着，我就想牵着他的手走向球场，可是他的腿就像被灌了铅一样，一动不动。

回到班里后，我试着劝说辰辰，想让他摆脱恐惧重新回到球场，但是没有成功。虽然劝说无果，但我仍然不会勉强辰辰参加足球比赛活动，因为那样只会让他对球场更加恐惧，产生逆反心理。结合之前对辰辰的了解和辰辰表现出的态度，我仔细思考后认为只有循序渐进地对他启发引导，才能让他克服恐惧重新走上球场。于是，在足球训练活动中，我并没有着急让辰辰进场踢球，而是让他作为小助理帮助我，并观看同伴们踢球，以孩子们热烈的表现及足球场上的风姿影响他、感染他。在连续几次影响下，辰辰有点儿动摇了，这是采取下一步策略的好时机。之后，我将球队的孩子们分成红、黄两队，让辰辰和昊昊分别带队，比赛得球数。事实证明这样做是有效的，辰辰开始跃跃欲试，在我的鼓励下他带领的黄队获得了最终的胜利，他又重新回到了球场上。在球场上，我看到他更自信、勇敢了，还成为球队里的主力先锋。在顺义区首届“蓓蕾杯”幼儿足球比赛中，他作为队长带领队员拿到了大班组的第二名。

通过辰辰的故事，我认识到作为教师要细致地观察每个孩子，这样才能根据孩子的个性特点给予合适的支持，帮助孩子树立自信，让孩子在玩中学、学中玩，身心皆得到充分的发展，从而达到培养自信、主动、友善、勇敢、健康、快乐的现代中国儿童的教育目标。

快乐的小足球

卞钧羽

足球作为世界第一大运动，深受人们喜爱。对孩子来说，尽早接触足球，对提升他们的健康指数，锤炼他们的意志，培养他们不怕困难、勇敢、坚强的意志和主动、合作、乐观的态度，使他们的身体素质、心理素质、智力获得全面发展具有积极意义。

2018年10月初，我园聘请了国家级足球教练来园进行足球课试课。孩子们积极踊跃参加，个个精气神儿十足。在试课中，我和足球教练挑选出了很多足球小队员。带领这些足球小运动员，我们在2018年10月22日参加了杨镇幼儿园举办的第一届“传递爱之意，点燃足球梦”足球赛。孩子们睿智机敏、有攻有守，展现出了对足球的热爱与拼搏精神。

看到孩子们如此优异的表现，我欣慰又开心。确实，这是足球带给孩子们的改变，而改变最大的孩子就是梓晨。刚加入足球队时，不善言辞的梓晨只知埋头苦练，很少与老师、队友交流。通过平时的训练，我和教练发现梓晨在足

球上很有天赋，便安排他当足球队队长，让他担当主力，并请他传授踢球经验，引导他与队里的同伴交流。可能是担任队长的责任感使然，我们发现梓晨慢慢地变了，他开始主动和教练、同伴沟通。记得有一次，小队员们正在场边休息，教练走到足球前，用脚大力一踢，球划出一道美丽的弧线飞入球门，小队员们都看呆了，继而高兴地欢呼起来。这时，意想不到的事情发生了，梓晨大步走到教练面前，抬头问道："教练，您能教我像刚才那样踢球吗？"听到梓晨的话，我非常惊讶，要知道以前梓晨可是很少主动说话，这次他竟然主动提出请求。我想，这就是足球带给他的突破。

还有一次，足球队里来了一个新队员，他没接触过足球，不会带球，总是无法顺利地和其他队员配合，因此，这个孩子十分懊恼。感受到新队员低落的情绪，梓晨出乎我们意料地跑上前，像模像样地教这个新队员怎么带球。看到这一幕，我的内心喜悦而自豪。

如今，梓晨十分开朗、勇敢、有担当，他会主动提问，还在球场上认真地协调队里其他小队员的作战计划，鼓励队友，带领队友在比赛中取得胜利。在顺义区举办的"春蕾杯"足球赛中，足球小将们取得了喜人的好成绩，个别小队员还获得了最佳球员、最佳射门员等称号。

《3～6岁儿童学习与发展指南》中指出："发育良好的身体、愉快的情绪、强健的体质、协调的动作、良好的生活习惯和基本生活能力是幼儿身心健康的重要标志，也是其他领域学习与发展的基础。”在幼儿园开展足球运动，是顺应孩子们身心发展的特点与规律，让孩子们通过足球锻炼自己、发现自己、改变自己的一场“隐形”教育，它把教育的过程变为一个精神追求、兴趣与自我升华的过程，有利于促进孩子们的身心健康，实现我们的教育目标，从而促进孩子的全面发展、快乐成长。

第三章 顺时

顺时是什么？顺时是顺应季节的变化、节日的到来，在季节里引导孩子探寻自然的智慧，在节日里让孩子体验传统文化的精髓。在顺和幼儿园，我们顺时而动，一方面跟随四季的变化，因地制宜、因时制宜，让孩子们在春天走进自然，通过真假核桃去发现、探索，在夏天乐享水的清凉的同时让思维更活跃，在秋天畅饮自己亲手制作的桂花茶，在冬天探索水与冰的奥妙。另一方面，我们坚守传统文化的底色，将传统文化教育贯穿于孩子培养的全过程，在节日到来时让他们通过动手制作饺子、驴打滚或亲身参与传统抢椅子游戏真实感受传统文化，激发他们的情感。

真假核桃

李云歌

2019年4月初，天气暖暖的，花开了，树绿了，万物都醒了。为了满足孩子们亲近自然，感受、发现春天美景的需求，开阔他们的视野，我们小三班特别开展了春游活动。

春游这天，孩子们排着整齐的队伍，兴高采烈地出发了。刚刚走出园门，孩子们纷纷开始议论起来，有的窃窃私语，有的大声惊呼：“哇，老师还是第一次带我们出来玩呢！”“哇，出来玩好开心啊！”一路上，孩子们边走边唱着平时熟悉的歌谣。

走进树林，孩子们欢呼道：“这里好漂亮啊！”“哦，花开了，还是粉色的，好漂亮！”“这里的小草绿了，树枝长叶子了。”听到孩子们的“发现”，我问道：“你们看，那粉色的花是什么花？”只有几个孩子回答说：“桃花。”听到寥寥几声的回答，我明白大部分孩子可能还不认识，于是让孩子们停下来，指着开满粉色花的树说：“这是桃树，在春天开花。”接着，我又指着另一棵开着浅粉色花的树说：“这是杏树。”旁边还有许多长满嫩绿色树叶的柳树、榆树等，我也一一将名称告诉了他们。正当大家专心观察这些植物时，容容突然说：“这儿有一只蝴蝶在飞。”我闻声看去，确实有一只蝴蝶在孩子们中飞来飞去。一个孩子说：“它一定是

在找妈妈。”周围几个孩子也都跟着说：“就是，一定是在找妈妈。”容容和卓卓说：“咱们都有爸爸、妈妈，可是它没有，多可怜呀！要不咱俩当它的爸爸、妈妈吧。”此时，我没说一句话，怕打扰了他们的童真世界，只是在心里偷偷地笑着。

接下来的时间，孩子们在树林里欢呼着、游戏着。其间，我们玩起了吹泡泡的游戏。当泡泡一吹出来，孩子们就高兴地追着泡泡奔跑。突然，曦曦蹲在地上像是盯着什么东西看。看到曦曦举动的我边追着泡泡跑，边喊曦曦来到我的身边。听见我的声音，曦曦从地上捡起了一个小小的东西边跑边喊：“老师，我看见核桃啦，我看见地上长出核桃啦！”听到她的话我很好奇，问道：“你确定是地上长出来的核桃吗？”她用肯定的眼神看着我点了点头。其实，通过观察核桃的外形，我知道这个核桃并不是真正的核桃，但我并没有立刻告诉她，而是希望她自己去发现。之后，我请曦曦将她捡到的核桃带回幼儿园，并拿给她真正的核桃，邀请其他孩子一起来观察。通过仔细对比，孩子们发现，捡到的核桃并不是真正的核桃。假的核桃跟去皮的核桃长得有点儿像，弯弯曲曲的，闻起来没有味道，容易被揉碎；真正的核桃形状是圆圆的，外皮是绿色的，吃起来味道微苦，但细细咀嚼后会有淡淡的甜味，它很坚硬，且长在树上。

之后，可能是那次观察引起了孩子们对核桃的兴趣，我常常能听到孩子们谈论核桃。这是引导孩子们进一步探索的好机会。于是，在活动区我为孩子们提供了青核桃、去皮核桃、纸皮核桃、山核桃、假核桃等不同种类的核桃，让他们看、摸、碰、滚、玩、品尝。而孩子们没有辜负我的期待，他们观察了不同种类的核桃，利用它们不同的特性创作出了极具创意的手工作品，探索出了核桃滚、搭建、拼接等许多玩法，并和家长一起制作了核桃大餐。

我国的教育学家陶行知先生说："我们要解放孩子的空间，让他们去接触大自然中的花草、树木、青山、绿水。"美国生物学家威尔逊也说："春天树林的律动，胜过一切圣贤的教导。"这次户外寻春的活动就是孩子们和自然接触的一次很好的机会，他们通过对树林的仔细观察，寻找到了春天的一些特征，既展开了对蝴蝶的想象，又认识了"核桃"这个新事物。这些亲身感知让孩子们充分感受到自然界的美与奥妙，进一步激发了他们的好奇心和认知兴趣，而这些就是我们在教育中想要达到的。因此，请让孩子们走到大自然中去，你会发现每个孩子都有一颗求知的心、都是大自然的揭秘者！

怎样让打水仗更好玩呢？

张　晨

炎炎夏日的到来严重影响了孩子们参与户外游戏的积极性，循环区中个别材料也因阳光太足影响使用。但意外的是，选户外沙水区的孩子越来越多，而且孩子们在室内特别会给自己找乐趣，盥洗时玩水的现象越来越多。观察到孩子们对水的兴趣，也为保证孩子们有充足的运动量，结合夏季的特点，我们开展了打水仗活动，活动时间设在自主游戏时。每到这时，我们可以看到14个中大班的孩子带着自己的“装备”跟随我出发“战斗”。经历多场“战斗”后，我们发现打水仗虽然乐趣十足，却也有局限性。为了让打水仗游戏更好玩，不但丰富多彩而且有意义，我们开展了一次又一次的讨论、尝试与调整。

如何打造“专业”装备呢？

打水仗游戏开始了，但我们并没有急于开始游戏，而是先来到游戏场地观察。看到大箱子里的水，孩子们非常兴奋，忍不住伸手摸了摸，发现水是温热的，我此时提出问题：“水为什么变热了？”二宝大声回答：“我知道，因为太阳晒的。”我又问：“为什么给你们用晒的水，不直接用凉水？”大班的姐姐回答：“用凉水会感冒，热水就没事了。”我竖起大拇指说：“对！”孩子们的视线一转，发现了场地里的塑料高椅子，我再次提问：“椅子可以做什么？”其他孩子都没有说话，冉冉突然大声说：“可以躲起来。”我接着问：“怎么躲呢？”“蹲下来。”他说着就去示范。我点点头说：“好，一会儿你可以试试。”

参观完场地后，我们又聚在一起展示带过来的装备，如雨衣、衣服、水枪、雨鞋等，各式各样，十分齐全。但是，哪种水枪好用、哪种雨衣更适宜，孩子们要试一试，他们先用自己的水枪游戏，然后进行交换。过程中，我请孩子自己记住哪种水枪最好用，为什么呢？原来，孩子们对水枪的好用度各执己

见。有的觉得管状水枪最好用，存水多、吸水快、水量大、距离远；有的觉得小水枪好用，可以边跑边用；还有的坚持自己的水枪最好用。为了分组的公平，试验后根据孩子们的意见，最终我们决定，每组都有同等数量的大水枪和小水枪，组员可以自由选择，游戏期间可自由交换。

为了避免孩子们着凉，换好衣服后，我们又开始讨论雨衣的问题。穿着一次性雨衣的小男孩说："老师，我的雨衣不管用，都坏了。"还有的孩子说："老师，涵涵把水滋到我脸上，我里面的衣服都湿了。"中班的小女孩说："老师，我的雨衣有点儿长。"惠惠说："我的帽子老掉。"根据孩子们的反馈，最终我们确定适宜打水仗的雨衣应该长短到膝盖，帽子方便戴并能用绳子系住，不穿一次性的雨衣。另外，根据大家的讨论意见，我们还附加了一条使用水枪的规则：游戏时水枪的射击区域为身体部分。

我向孩子们提出了一个问题："游戏时穿雨鞋方便吗？"穿着雨鞋的大班哥哥觉得不方便，跑不快，最后我们确定穿运动鞋，这样更方便走和跑。

虽然第一次尝试问题百出，但问题是孩子学习的契机，鼓励孩子思考问题、大胆尝试，然后在过程中寻找适宜的材料、制定规则，有助于提高孩子解决问题的能力。无疑，这是送给孩子最好的礼物。

游戏结束后的问题

每次游戏结束后，孩子们都需要先放置好自己的物品，独立更换雨衣和湿衣服、鞋子。两次游戏后，我观察到其中有很多问题，于是组织了一次讨论：请孩子们说一说游戏结束后遇到了哪些困难。大班的哥哥、姐姐踊跃发言，指出了用毛巾擦身体时慢、穿脱衣服慢、物品放错位置等问题。针对每个问题，我们逐个想解决办法，最后制定了以下规则：游戏前确定好自己的椅子并将物品放置其上；游戏结束后，先收椅子和手枪，再把雨衣直接放到外面夹好晾晒；回到室内先脱掉湿衣服和鞋子，放置一边，避免弄湿干衣服，再取毛巾擦拭身体；穿好衣服后将湿衣服、鞋子收整好；主动寻求帮助或者帮助别人。

为顺利实施这些规则，每个孩子都领了任务：一是在家洗澡时，孩子们要自己用毛巾擦拭身体、头发；二是在家时，孩子们要练习快速穿脱衣服。因为的确存在一些孩子穿不好衣服或穿错衣服的问题，以游戏为契机并借助家庭的力量，这样会激发孩子的内在动力，有效提升孩子的自理能力。

游戏混乱了怎么办?

在最初游戏时，孩子们分为两组，将两组椅子当做城墙，开始守城游戏。但是，玩着玩着孩子们就出现了敌我不分、游戏混乱的现象，加以规则限制后游戏得以继续进行。但随后游戏又出现了很多水枪射空的情况，而且这种情况下孩子们只有单纯滋水的乐趣，难以对游戏产生持久的兴趣。针对以上情况，总结孩子们以往的游戏经验，根据孩子们的发展特点，我们设计了新的游戏“小水兵夺宝”。其游戏规则：每组拥有相等的宝石数量，以红、绿颜色区分；每组成员需在抢夺他人宝物的同时，保护自己组的宝物；两组椅子中间为运输路线，不可以绕路运输，但可以在椅子后面用水枪攻击；当音乐响起时游戏开始，音乐停止时游戏结束，最终拥有宝物最多的组获胜，获胜的组员都可获得奖励。在如此调整后，孩子们的好胜心被激起，他们玩得更开心了。

从孩子们游戏前后截然不同的状态来看，单一、守旧的游戏难以让孩子专注、持久，只有结合孩子的发展特点，勇于创新，为孩子创设更富挑战性的游戏情境，才能进一步激发孩子持续游戏的兴趣，促进孩子的发展。

如何取得更多宝物呢?

在多次游戏后，有的孩子找到了小窍门，出现了有的组一直赢的现象。好

奇他们的秘诀，我们请他们来分享经验。冉冉说：“我就站在宝物旁边，用大水枪滋抢宝物的人，把他滋跑。”有的孩子说：“我跑得快、拿得快，还要躲开他们。”经过分享，我们商定每组的成员应该分工不同，如有人负责守宝，而守宝的人用大水枪会更有效；跑得快的组员负责取宝，这样更易躲避水枪攻击或者乘人不备拿走宝物。分享经验后，孩子们学习同伴的方法并自由探索，将简单的打水仗游戏越玩越有趣。其实，有时候不需要教师过度介入，鼓励幼儿说出自己的游戏方式，以同伴分享的方式让幼儿学习到新的方法、经验，就是给孩子最好的支持。

最后，值得一提也需要我们注意的是，这样的游戏是在夏季这样一个特殊季节才得以实施的。自孩子出生以来，四季的变化就无时无刻不在影响着他们的成长。要顺应季节的变化，结合夏季的特点，开展具有特色的夏天活动，使孩子在真实的环境中进行真实的游戏，并在真实的游戏中成为主角。这样，孩子自然接触得更多、思考得更多，他们在游戏中不断发现问题、展开讨论并一起想办法解决就是最好的印证。我们的教育目标聚焦于为幼儿的终身发展奠定良好的素质基础，是要促进孩子的全面发展、快乐成长。顺应季节开展活动，将孩子置身于真实的环境中，我们可以发现，孩子们对周围环境的适应能力增强了，他们的思维更活跃了，他们解决问题的能力也更强了。

幼儿园里开水吧

刘　晶

中秋节是我国的传统节日，它代表着团圆、吉祥。在这天，家家户户都要聚在一起吃团圆饭，尝月饼，赏满月。在这团圆的节日里，为了让孩子们认识、尊重、继承、弘扬传统，我园举办了一次大型的喜迎中秋佳节的亲子活动。围绕这个大主题，我们每个班负责开展一项与中秋节相关的子活动。为此，大家各具慧心、各有妙想，如亲子制作月饼、捏兔爷，还有亲子游戏等。其中，我们班选择的是制作“桂花茶”。

在活动主题确定下来后，我和孩子们聊起了桂花。可是，孩子们很疑惑地问：“刘老师，什么是桂花呢？桂花长什么样子呢？”这时我才发现，原来孩子们还不知道什么是桂花，这可怎么办？活动如何开展呢？《3～6岁儿童学习与发展指南》中指出：“理解幼儿的学习方式和特点。幼儿的学习是以直接经验为基础，在游戏和日常生活中进行的。”想到这儿，我脑子里突然冒出来一个想法：我需要一棵桂花树，一棵真真实实的桂花树，一棵能让孩子们看得见、摸得着的桂花树。立想立行，当天，我就在网店买了两棵桂花树。经过几天的等待，桂花树终于送到了。怀着迫不及待的心情，我们迅速开展了桂花树的活动。孩子们看到桂花树后都惊呼：“哇，这就是桂花树吗？”其实，这也是我人生中第一次看到真实的桂花树，和孩子们一样，我也很兴奋、很好奇。原来，桂花是长这个样子的：它的花朵真香，它的花瓣好小，都是一小朵一小朵簇拥在一起。通过自己的观察，孩子们总结出了这一点。此刻，恰好也印证一句话：生活即教育。的确，有时候有些知识不需要教师长篇大论地讲述，只需让孩子们去看、观察、体验，他们自然而然就能学到其中的知识，而且更加牢固。

认识了桂花后，趁热打铁，我给孩子们留了一个小任务，请他们回家和爸爸、妈妈一起思考：“桂花都可以用来做哪些东西？”

到了第二天，我问道：“孩子们，你们昨天回家，有没有和爸爸、妈妈一起研究桂花呢？谁先来分享一下呢？”话音一落，孩子们都踊跃地举起手来。十分惊喜的是，平时不怎么喜欢回答问题的孩子也把手举了起来。为鼓励他们的勇气，我将机会先给了他们：“晓艺，你先来和我们分享吧。”晓艺用洪亮的声音说：“我昨天和妈妈一起上网看，桂花可以制作很多好吃的，有桂花糕、桂花蒸山药、桂花糯米藕。”接着，桐桐说：“妈妈告诉我，桂花泡水喝可以治疗咳嗽，这个水是香香的，很好喝。”桐桐话音刚落，艺涵又接着说：“爸爸告诉我，桂花还能泡酒呢，这个酒都会被桂花熏得香香的。”就这样，孩子们一个一个积极地分享着。

为了让孩子们更深入地了解桂花，和孩子们讨论后，我们一致决定在班里开辟一个新的角色区“开心水吧”，水吧里会专门提供用桂花制作的各种饮品。对此，孩子们都非常期待，但“开心水吧”要快速开业，仅仅依靠我们的力量肯定不够，还需要家园合作。于是，当天在家长群里，我和家长们说了班里新开设角色区的事，请求大家帮忙提供相关的辅材。第二天早来园时，很多孩子都带来了相关的辅材，如好看的小水杯、小水壶，各种花果茶，还有冰糖等。看到如此丰富的材料，对于水吧的顺利开业我似乎有了信心。

在一番布置后，“开心水吧”顺利开业了。孩子们换好服装，洗干净小手准备制作桂花茶。这是孩子们第一次制作。彤彤一马当先，他拿起勺子盛了一

勺桂花茶放在水壶里，接着又往里盛了一勺玫瑰茄、一勺冰糖。旁边的小北说：“你这些够多了，我们往里面加水吧。”她边说边往水壶里面倒水，“我们等一会儿就可以品尝到美味的桂花茶了”。几分钟后，他们尝了自己制作的桂花茶，同时说道：“这个桂花茶怎么什么味道都没有呢？为什么没有甜味呢？难道是糖放少了？”孩子们紧皱眉头。

看到孩子们不知所措的样子，我走过去对他们说：“孩子们，可以请我喝一杯你们制作的桂花茶吗？”他们说：“好呀。”小北给我倒了一杯，我喝了一口说：“咦，你们的桂花茶水怎么是凉的呢？”听到我的话，小北恍然大悟地说：“对啊，我看到妈妈在家里泡花茶的时候，用的都是热热的水，咱们用的水太凉了，一定没有把它们泡开，所以才不好喝，一定是这样的。刘老师，您可以帮助我们用热热的水泡一下这个桂花茶吗？我们小朋友是不能碰热水的，会被烫伤的。”我说：“好呀，没问题。”帮助孩子们倒好热水后，他们开始了第二轮尝试。“哇，这次的桂花茶太好喝了，酸酸甜甜的，还有香味，我们的桂花茶成功了！”尝过新制作的桂花茶后小北激动地说，并积极邀请同伴品尝。之后，在这次成功体验的激励下，孩子们制作饮品的兴致更高了，他们想要调配出更多的口味。通过一次次的实验、配比，孩子们创造出了多种桂花茶的饮品，其中最让孩子们喜欢的是玫瑰茄桂花蜂蜜水，它酸酸甜甜的口感令人回味无穷。看到孩子们如此积极地探索，并获得成功体验，我由衷地高兴。我想，这就是我们常说的“做中学”吧，让孩子们主动探索、亲身体验过程，孩子们会在提问、设想、试验、表达、交流中学到知识。

之后，在庆祝中秋节活动当天，我们班在森林剧场开设了一个饮品区，孩子们全程都自己制作饮品，并设有专门的讲解员讲解饮品。在大家的共同努力下，我们的活动受到园领导、家长和孩子们的喜爱与夸奖。更开心的是，在活动里孩子们不仅参与了，更充分体验了，他们“吃”得快乐、“喝”得开心、“玩”得尽兴。我想，这就是大家最愿意过的，也最值得回忆的节日了。

确实，快乐对于孩子的意义是很重大的，而在节日里感受到的快乐似乎是加倍的。在顺和幼儿园，我们重视文化建设，坚持将传统文化教育贯穿于幼儿培养的全过程。这次，我们顺应节日的意义，提取中秋节中的价值元素，以孩子为主体设计此次中秋节活动就是一次很好的体验。它使孩子们可以亲自动手、相互分享，在快乐中感知中秋、走进中秋、品味中秋，在接受中国传统文化情感熏陶的同时，作为传统文化的继承者弘扬中国传统文化。

冰花不见了

唐巧艳

腊八节是北京冬天最寒冷的时候。在腊八节的前一天，我组织孩子们开展了冻冰花活动。腊八节这天，孩子们都早早地来园。正当我奇怪今天孩子们怎么来得这么早时，班上的两个小机灵鬼走到我面前问："唐老师，咱们的冰花冻好了吗？"这时，我才猛然反应过来，原来孩子们早早地来园，是要看自己冻的冰花。

为满足孩子们的愿望，我们来到了院子里。看到院子里一排排五颜六色的冰花，孩子们不禁惊叹："哇，好漂亮的冰花啊！"在惊叹中孩子们愣了一会儿才赶快跑过去找自己冻的冰花。拿到自己的冰花后，孩子们好奇地盯着，不时还和同伴兴奋地交流。有的说："我冻的冰花最漂亮！"有的说："我冻的才漂亮，你看里面还有个小熊呢！"有的说："你看看我的五角星冰花，里面

的黄纸像不像真的星星。”有的用手摸摸冰花说：“好凉的冰花啊！”短暂交流后我们没有将冰花带回去，而是将冰花挂在班级门前的树上做装饰。可能是孩子们投入了情感的缘故，这一树的冰花成了孩子们的牵挂，无论是室内活动时，还是户外游戏时，孩子们一有时间总要向冰花树张望。

到下午午点时，突然有个孩子惊叫：“唐老师，我们的冰花不见了！”听到他的喊声，孩子们的目光瞬间投向了窗外的树。的确，树上的冰花基本没了，大部分只剩下绑在树上的绳子。即使有剩下的冰花也变得小小的，有的正一滴一滴地往下掉水珠，早已没了上午的形状。见到冰花的变化许多孩子纷纷感到惊奇，非常疑惑。见此我问道：“你们想看看冰花是怎么变没的吗？”孩子们大声地说：“想！”我说：“走，我们现在就到外面观察一下。”

到了户外，几个眼尖的孩子指着树上仅剩的几个变了形的冰花兴奋地边跳边大声说：“我看到了，我知道了，你们看从那个冰花上有水滴下来，冰花化了。”听此，其他孩子都瞪大眼睛盯着树上，看了一会儿，一向腼腆的哲哲拉了拉我小声地说：“他说的是真的，你看树底下有小水滴的印迹。”他说着还指给我看。对于哲哲的发现，我表扬并鼓励道：“你是第一个发现的，可以跟小伙伴分享一下。”经我鼓励后，哲哲将自己的发现分享给了伙伴，而睿睿将发现大声告诉了大家。一时间，孩子们都在树下找了起来。

“我看到了！”“我也看到了！”“呀！水掉到我脖子里一滴，好凉呀！”几个孩子好奇地围了过去，有的还伸出手摸了摸。之后孩子们继续找着，高兴地讲述自己的发现，在最后一个冰花消失时我们结束了观察。回班的路上，我问孩子们：“冰花为什么不见了？”孩子们都大声地告诉我：“冰花化了。”“冰花为什么会化呢？”“因为在树上。”“因为太阳晒的。”“因为我们的冰花太小了。”“因为我们班前面暖和。”“老师，咱们再冻一次冰花吧！”

在孩子们的强烈要求下，我们又做了一次冰花。这次，有的小朋友为了不让冰花很快融化，从家带来了各种大小不同的容器，准备把冰花冻得更大些。当冰花冻好后被拿起的那一瞬间，有的孩子说：“怎么这次拿出冰花时底下还有好多水？上次的没有。”对于他的问题，我没有直接回答，而是将问题抛给其他孩子，由此孩子们展开了一场讨论。有的说是因为上面的冰像棉被一样盖住底下的水，水感觉不到冷就不会结冰。有的说是不是冻的时间不够长，所以没有结冰。马上，有孩子反驳道：“可是别的都冻上了，应该是水太多了。”他话音刚落，不爱说话的涵涵站出来细声地说：“昨晚是不是温度不够冷？今天早上妈妈说天气特别好，不用穿那件大厚棉袄了。”我说：“是的，你们说的都有道理，没有冻上，跟水的多少、时间及温度都有关系。”

之后，有孩子建议将冰花拿到班里一起看。没等我说什么，旁边孩子急忙说道：“冰花会不见的。”在他们相持不下时，我建议：“想观察的可以将冰花拿回班上，想保护的可以将冰花留在外面，户外活动的时候我们再来看。”回到班里，孩子们通过看、触摸、闻等方式，了解到冰花是没有气味的，虽然看起来亮晶晶的、晶莹剔透，但有很多形状，虽然摸起来冰凉凉、光溜溜的，但会因为手的温度慢慢融化成小水滴。

为进一步让孩子们明白冰与水的关系，我问道：“冰花在结冰之前是什么样的？”孩子们说：“那当然是水了。”我问：“那水为什么会变成冰呢？”他们说：“是因为太冷了。”我问：“那咱们的冰会不会再次变成水呢？”孩子们意见不一，有的说可以，有的说不行。我追问他们理由，认为可以的孩子说：“在暖和的地方冰就会变成水，那天的冰花不就是变成水了。”我说：“那咱们来做个试验，把冰花放在暖和的地方，再试一试。你们认为哪里暖和？”他们说：“窗台上有阳光，暖和。”“图书区桌子上有阳光，也暖和。”“暖气片上最暖和。”……按照自己的想法，孩子们将冰花放在了最暖和的地方。午饭前，涵涵突然跑过来对我说：“老师，暖气上的冰全变成水了，您快来看看。”听到他的话，孩子们大都围了过去，也有孩子快速跑去自己放冰花的地方，然后叫道：“老师，我的冰花也化了一些。”“我的也化了。”我问：“为什么冰花都是在屋子里，有的化得快，有的化得慢呢？”他们说：“因为有的冰花大，有的冰花小。”“不对不对，我的冰花最大了，我放在暖气片上了，现在都是水。”“对，对，我也看到阳阳的冰花最大了。”我问：“那是为什么呢？”阳阳抢先说：“因为暖气片上是最热的，还有我放冰花的这个地方又有暖气又有阳光，是最暖和的地方。”阳阳的话音刚落，大家的目光都投向了阳阳放冰花的地方。有的说：“老师，你看阳阳的冰花上还冒烟呢。”“怎么回事？”这个问题一出，一下子引起了孩子们新的兴趣，他们马上讨论道：“那叫水汽，我奶奶烧热水的时候壶上就有。”“是，我也看见过。”“那个水汽很烫，不能碰。”借此时机，我说：“家里烧水、做饭的时候和暖气上冰花产生的都是水蒸气，不过家里做饭、烧水时的水蒸气很多而且还很烫，会伤到人，小朋友应该怎么做？”他们回答：“看到叫大人。”“自己不能碰。”……

在整个冰花活动过程中，孩子们纷纷为水的变化感到惊奇。确实，大自然就是神奇的，其中蕴含着无穷的智慧，而且伴随着四季的变化，自然界与人类社会生活也会产生相应的变化。顺应这种变化，我们适时地开展了冰花活动。在冰花活动中，面对冰花产生的一系列现象，孩子们的头脑中出现很多“是什么”“为什么”的问题，由此他们展开了热烈的讨论，并通过聆听、触摸、观察等方式将冰、水等事物在脑海中留下了印象。这个过程中，孩子们不仅增加了对大自然和周围事物的兴趣，也增强了观察、比较、分析、探索大自然奥秘的能力。由此，我们可以得出一个结论：顺应季节、顺应孩子的天性和需求开展活动，会使孩子收获更多，更能促进他们的全面发展。

冬至，你安耳朵了吗？

郭利佳

在中国，我们过年过节都要吃饺子，特别是冬至节气的时候，更要吃水饺了。于是，到了冬至这天，我早早地准备好包饺子的食材，带孩子们尝试包饺子。

为了激发孩子们更深层次经验的建构，在包饺子前，我先请孩子们看了一个小视频，让他们了解冬至为什么要吃饺子。原来，冬至吃饺子的习俗是因纪念“医圣”张仲景冬至舍药而流传下来的。由于张仲景是在冬至这天去世的，也是在冬至这天他为人们做了“祛寒娇耳汤”，为了纪念他，从此人们都在冬至这天吃饺子。民间也有一个说法：冬至吃饺子，不冻耳朵。因饺子的形状和耳朵相似，冬至吃热乎乎的饺子，耳朵也会在这个冬天得到保护。

看完视频里的故事，孩子们都沸腾了。我听到有的孩子边摸耳朵边小声地说：“晚上让妈妈给我包饺子，我也要安装两个耳朵。”“回家我让奶奶给我包饺子，我也要安耳朵。”见故事进一步引起了孩子们对饺子的兴趣，我立刻请保育老师将厨房阿姨为我们准备好的食材端上来，并对孩子们说：“今天是冬至节气，郭老师带你们一起包饺子，给班里所有的小朋友安耳朵。”孩子们欢呼雀跃。

在孩子们全部坐好后，我提问道：“小朋友们，请你们想想，妈妈在家里包饺子的时候都需要什么材料呢？”孩子们冥思苦想了一会儿，就开始像倒豆子一样，你一言我一语地说：“有面。”“有饺子皮，有馅儿。”“我爱吃虾仁的。”“对，包饺子需要饺子皮和馅儿。那现在我们要开始制作，应该从哪一步做起呢？”希望能够调动孩子们以往的生活经验并让他们清楚饺子制作的完整过程，我如此问道。他们说：“拿饺子皮开始包。”“不，不对，饺子皮还需要和面才能做出来。”我说：“是的，包饺子确实需要先和面、制作馅，然后擀出饺子皮，再包饺子。今天的馅儿厨房阿姨已经帮我们准备好了，接下来我们从和面开始。”考虑到制作饺子馅儿的安全性和复杂性，而孩子的能力不足以达到，因此，我们并未请孩子们参与制作饺子馅儿，而是让孩子们从和面开始。当然，孩子们不可能制作出包饺子所需的全部饺子皮，因为我们需要让所有孩子都吃上一顿饱饱的饺子，那需要的饺子皮实在太多了，孩子们可能会因长时间重复一项工作而丧失对包饺子的兴趣。所以，我们请孩子们两人一组，给他们少量的面粉体验和面、擀皮的过程，然后再另外提供事先由厨房阿姨制作好的饺子皮。

在简单介绍完和面和擀饺子皮的方法后，孩子们开始制作了。在制作过程中，孩子们遇到了各种各样的问题：有的在和面时水不小心加多了，面变得格外黏，都粘在了手上；有的和面时用的力气太大了，面粉都撒了出去；有的擀皮时擀得厚厚的或者特别大；有的怎么擀也擀不出圆形。尽管这样，孩子们却总能想到办法，他们或是观察同伴，或是请教老师，问题终于迎刃而解。不久，和面和擀饺子皮的体验结束了，接下来孩子们开始包饺子。

在孩子们包饺子前，我边示范边讲解："看，饺子是由饺子皮和饺子馅儿两部分组成的，想不想知道这个馅儿是如何被包进饺子皮里的呢？看好哦！把饺子皮轻轻地托在自己的手心里，把馅儿料放在饺子皮的中间位置，然后拿出你可爱的小手，把饺子皮的边捏紧，别露馅儿。这样一个饺子就包好了。"

在我示范后，接下来就是孩子们自己动手包饺子了。我作为旁观者，在一旁观察着。其中，我注意到琪琪开始包饺子时总是露馅儿，在几次尝试后琪琪意识到自己的方法不对，于是停下来，将手里的皮和馅儿料都放到桌子上，然后开始回想老师教的方法。想了一会儿，他又动起手来，只见他左手托着饺子皮，右手把馅儿料放到皮的中间，然后两只小手一起捏，一个饺子就包好了。成功的那一刻，琪琪露出了开心的笑容。见证了全过程的我，此刻也连忙走到琪琪身边表扬他说："琪琪，你的动手能力特别强，饺子包得很漂亮，继续加油！"

在见证了琪琪的成功后，我继续观

察别的孩子，发现俊俊也遇到了问题：他在包饺子时，无论怎么做，饺子就是包不上。几番尝试后，他急得眼泪都要掉下来了。见此状况，我马上走到俊俊身边，蹲下来问道：“俊俊怎么了？”俊俊撇撇嘴，满眼含泪地说：“老师，我不会。”原来，俊俊看着其他孩子都包好了饺子，自己心里着急了。我赶忙帮俊俊擦干眼泪安慰道：“俊俊不着急，看着老师再包一次。”话落，我拿起一张饺子皮，同时也给了俊俊一张，然后放好馅儿料，并特意放慢了包饺子的速度。俊俊边仔细观察我的动作，边试着包饺子。饺子包好了，俊俊的脸上绽放出笑容。接下来，获得成功体验的俊俊充满了自信，一个接一个地包饺子。与此同时，其他孩子接二连三地说道：“老师，我的做好了。”“老师，我的饺子也包好了，您来看看。”

在饺子包好后，激动人心的煮饺子时刻到了。在等待的过程中，我教孩子们唱了数九歌：“一九二九不出手，三九四九冰上走，五九六九河边看柳，七九河开，八九雁来，九九加一九耕牛遍地走。”在歌声中时间很快过去，饺子也煮好了，孩子们吃着自己包的饺子，满脸写着开心。就在其他孩子都吃着饺子时，琪琪背着手神秘地朝我走过来，随后端着自己装着两个饺子的小碗举到我面前，然后趴在我的耳边悄悄说：“郭老师，给您也安两个耳朵，冬天耳朵不冷。”我赶忙抱住他说：“谢谢宝贝。”

到此，温暖的包饺子活动就结束了，孩子们不仅了解到饺子的由来、包饺子的材料，还亲自体验了包饺子的过程。也许，包饺子的过程中有欢乐也有泪水，但它们都是孩子们的收获。此刻，窗外的北风依旧呼啸，室内温暖人心，但温暖我的还有来自琪琪安两只“耳朵”的关爱。其实，顺应节气，开展传统文化活动，就是对孩子的一次情感教育，而情感对孩子智力的发展、品德的养成有着诸多益处，如饺子由来的故事就影响了孩子们对爱的表达；制作饺子的过程使孩子学会更理性、更有逻辑地处事。在顺和幼儿园，我们的办园理念是文化引领、内涵发展，我们希望坚守中华文化的底色，将传统文化教育贯穿于孩子培养的全过程。

我们会做驴打滚了

张永畅

临近新年，孩子们关于过年有哪些美食的讨论非常热烈。见孩子们对新年美食如此热衷，我想，我们大班的班级区域里恰好设有美食区，何不让孩子们自己尝试做一些过年时的传统美食呢？

在晚饭后，我和孩子们交流了这个想法，他们开始兴奋地讨论在“美味餐厅”里要做什么好吃的。孩子们你一言我一语，有的说做饼干，因为过年家里要来客人，给弟弟、妹妹吃；有的说做火锅，火锅好吃；有的说包饺子，过年要吃饺子。这时，佳佳举起手说：“老师，我觉得在过年的时候应该做有特色的东西吃。”孩子们听了，纷纷点头表示同意。那什么样的食物是有特色的呢？皓皓想到了，赶紧举手说：“老师，以前春节的时候，我妈带我去逛庙会，我看庙会里有卖驴打滚的。”驴打滚是什么？一些没吃过的孩子十分疑惑。有孩子说：“我吃过，驴打滚黏黏的、甜甜的，很好吃，是一种糕点。”听到是好吃的，孩子们表现出很大的兴趣。佳佳提议：“老师，那就做驴打滚吧，驴打滚甜甜的，我猜爸爸、妈妈和小朋友们都很喜欢吃。”

经过表决，我们一致决定做驴打滚。但是问题来了，驴打滚该怎么做呢？孩子们都面露难色，谁都不会做。见此，我不慌不忙地问道：“谁想学做驴打滚？”小博博说：“老师，我们也不会呀！”我说：“就是因为不会，我们才要学呀，一开始我们不是也不会烤桃酥、包粽子吗，后来我们做得多好呀！”他们说：“就是就是。”“老师，我要学。”“老师，我也要学。”看到本来没有信心的孩子们情绪瞬间高涨起来，我想这都得益于之前成功的经验。于是，我趁热打铁，启发孩子们：“孩子们，让我们来想一想之前学包粽子的时候，是怎么学习的呢？”“老师，我知道，”萱萱举起手说，“我们得知道做驴打滚需要哪些原材料。”皓皓也举起手说：“还要知道驴打滚的做法。”我说：“你们说的都很对，不仅如此，我们还要知道它背后的小故事。”卉卉非常吃惊地说：“老师，没想到驴打滚还有故事呢，那我们回家和爸爸、妈妈一起去查，明天再来和小朋友们分享。”

回家和爸爸、妈妈一起查找资料学习后，孩子们有的分享了做法，有的分享了关于驴打滚的小故事，还有的分享了做驴打滚所需要的材料。

做完这些，似乎一切都准备就绪，可是，新的问题出现了。佳佳说：“老师，我看驴打滚的豆面是需要蒸熟的，可是班上没有工具，我们该怎么蒸呢？”皓皓说：“咱们幼儿园的厨房可以蒸呀！”小雅说：“就是不知道厨房的奶奶们会不会同意。”说到这儿，孩子们都看向了我，希望我帮助他们解决这个问题。我说：“好，我帮大家去争取。”之后，我找到园长妈妈，她听说我们要做驴打滚后非常支持，但考虑到孩子们的安全，她建议请厨房的奶奶先帮孩子们蒸好豆面。

在豆面的问题解决后，我们在角色区开始正式制作驴打滚了。第一批来做驴打滚的是小雅、皓皓、佳佳和欣怡，他们两人一组，我把蒸好的豆面一分为二交给他们。

做驴打滚的第一步是把蒸好的豆面擀平擀薄，擀皮的是小雅和皓皓。小雅之前和妈妈一起做过，擀的皮又圆又薄。而皓皓那边则不太理想，擀的豆面皮

不仅不圆还有褶，看到有点儿失败的豆面皮，他有些着急了。我在旁边耐心地安慰他，鼓励他冷静下来，仔细观察小雅的做法。观察后，皓皓发现自己擀的皮有的地方太厚了，在反复试几次后，他慢慢地擀得越来越好了。

做驴打滚的第二步是往面皮上抹豆沙，负责抹豆沙的是佳佳和欣怡。豆沙是袋装的，刚开始我也和孩子们一样认为将豆沙用勺子挖好后抹在豆面皮上就好了，可没想到的是豆沙都粘在了勺子上，根本没有办法抹在豆面皮上。后来，皓皓想出了一个办法，他说："老师，可以用勺子背挖豆沙，然后用勺子背来抹，这样就可以了。"我们尝试了皓皓的办法，但豆沙还是粘在勺子背上，抹得也少，并且抹一块豆面皮要抹好多次，非常麻烦。后来，佳佳用戴着手套的手直接抓来豆沙抹，十分干脆利落，速度快了很多。

在找到更好的方法后，豆沙终于全部抹好，下一步就是卷了。在旁边等待的小雅和皓皓早就着急了，催促道："老师，这次该换我们来卷了吧，他们弄半天了。"得到我同意后，他们开始卷抹好豆沙的豆面皮。不像之前那样着急，他们小心翼翼地卷着。皓皓边卷边说："老师你看，这就像卷寿司一样。"他们卷得都很好。卷完后，下一步就是切了，这次切的是欣怡和佳佳。

由于掌握不好长度，她们拿起塑料刀不是切宽了就是切窄了，对此我建议她们停下来思考解决的办法。观察所有切好的驴打滚，以及调取之前的经验后，她们找到了方法，找出合适长度的比照着切。

切完后，驴打滚就制作完成了，他们做得非常成功。在品尝了他们制作的驴打滚后，其他孩子都很喜欢，也产生了制作的兴趣。接下来的两个星期，有更多孩子开始迷恋做驴打滚，做好后不仅分给其他孩子吃，还会给厨房的奶奶、园长妈妈、其他班的老师吃，得到了园里的一致好评。之后，角色区的孩子们还将驴打滚加进了餐厅的菜单，进行售卖。

回顾这次活动，我和孩子们一样欣喜并具有成就感。在新年主题的选择上，我倾听孩子们的意见，让孩子们充分讨论，使他们能调取以往的新年经验共同商议确定活动的主题——制作具有新年特色的美食驴打滚。因为是孩子们主动的选择，是他们的兴趣所在，这便从一开始就为活动打下了成功的基础。在孩子们制作驴打滚的过程中，我像皮亚杰的理论中阐述的那样，给予孩子们亲自动手和使用试错法的机会，使最佳方法在他们的头脑中变得越来越清晰，并让他们在与同伴共同制作的过程中学会合作分工。我想，通过活动孩子们不仅能获得知识技能的增长，还能体验到快乐，萌发对生活的热爱，从而实现我们最终的教育目标——让孩子更积极、自信、主动、乐善。

椅子大作战

阚虹雨

应孩子们的要求，2020年的庆新年活动我们以庙会形式庆祝。在和孩子们商量后，我们决定承担庙会中的亲子游戏活动。

但做什么游戏呢？孩子们开动脑筋，经过讨论决定做传统游戏——抢椅子。整个游戏分为两种形式：一种是孩子单独参加，两个孩子一组，在桌子两旁摆放相同数量的玩具，听到“开始”的口令后，两个孩子要拿着筐同时出发，将桌子旁的所有玩具装到筐里并以先坐到椅子上的为胜者；另一种是家长单独参加，6名家长5把椅子，家长在椅子外围成一个圆圈，当音乐开始时就围着椅子转圈跑，音乐停则要立刻抢一把椅子坐下，没有抢到的家长即被淘汰，然后依次减少一把椅子，抢到最后一把椅子的人获胜。

拟定好游戏规则，做好相关准备后，我们的庙会活动也终于开始了。来到我们游戏区的是一个个子高高的小女孩和一个小男孩，他们分别介绍自己说：“老师，我是大班的大姐姐。”“我是小三班的。”我对他俩说：“新年快乐，孩子们，你们两个可以一组来比赛。”“那我们开始吧！”大姐姐爽快地说。听到“开始”的口令，两个孩子出发了，由于小班孩子的能力较大班孩子而言会偏弱，所以大姐姐领先。然而意外的是，我发现大班姐姐的速度慢了下来，有意地等了等小弟弟，还说：“小弟弟加油！快一点儿！”小弟弟对大姐姐笑了笑，加快了速度。男孩大声喊：“耶，我赢了！”最后的结果是小弟弟先拿完所有玩具，并坐到椅子上。见此，小男孩的妈妈说：“是大姐姐让着你，你才赢的，快谢谢大姐姐呀！”男孩说：“谢谢姐姐！咱们可以拍个照片吗？”大姐姐说：“好的，可以！”看着他们留在手机里的笑脸，我也很高兴，大班的姐姐知道自己能力强，肯定会赢得比赛，但她更有同理心，选择照顾弟弟的情绪，宁愿自己输了比赛。其实，这样的比赛已远超过比赛本身的意义，反而彰显了一种更为可贵的品质，展现了人与人之间的真善美，这样的比赛似乎更令人感动。

看了孩子们感人的比赛后，接下来，我们看家长游戏。家长组这边来了一个男、女、老人都有的组合，有个奶奶没听明白游戏规则，其他家长没等我解释就热心地给奶奶讲解。弄明白游戏规则后，音乐开始，家长们围着椅子小心地跑。在猝不及防时，我按停了音乐，反应过来的家长们赶紧积极地抢椅子，但有一个爸爸故意没抢椅子，他把椅子让给妈妈和奶奶。经过几轮游戏后，最后获得胜利的是那位不太清楚规则的奶奶。这似乎是一个意料之外也是意料之中的结果，但我们一定要为同组的爸爸、妈妈们点赞。

很快，游戏结束了，但发生在游戏里的故事、由游戏体现美德的活动没有结束。不管是礼让弟弟的大班姐姐，还是让椅子的爸爸、妈妈们，在他们身上所体现的尊老爱幼的中华传统美德都潜移默化地影响着他人。可能赢了的弟弟下一次也会如此谦让比他小的弟弟、妹妹；可能观看爸爸、妈妈们比赛的孩子更懂得尊老的意义，并将这种懂得转化为行动。我想，这就是在特定日子里开展传统文化教育活动的意义吧！因为传统文化里有太多值得我们学习的东西，只有扎根传统、立足当下、面向未来，我们才能真正实现顺和幼儿园的教育目标：培养具备优良的人格品质，拥有精神自信、学习主动、待人友善、勇于挑战、身心健康、积极快乐的人。

第四章 顺境

顺境是什么？顺境是教师对幼儿园里的每一处物质、人文环境的刻意创设，而孩子与它们自然地互动。在教育中，顺和幼儿园的教育者重视环境、材料的作用，顺境而导，认为孩子的智慧源于材料。我们提供具有层次性和可探究性的沙子、泥等材料，让孩子建构自己对外界的认识，积累经验；我们投放具有挑战性的器械，如秋千、“火焰山”、滑梯等，让孩子在解决困难和问题中成长；我们与孩子们共同设计照相馆、哆啦A梦主题餐厅；我们留出时间与机会让孩子们与涂鸦区的“黑白”尽情互动；我们将空竹等传统文化元素请进园，为孩子们创设动态的人文环境，让他们感受、体验传统文化，在传统文化的熏陶下获得发展。

好玩的沙水池

马赛楠

在孩子的眼里，沙子好像很有魔力，总能吸引他们用手去捏、摸、垒、拍。他们喜欢沙子在指缝中流动的感觉，用沙子建沙堡、筑堤坝、挖隧道、种树、种花……他们在沙地上自由奔跑、自由创作。

在顺和幼儿园就有这么一片让孩子喜欢、尖叫的沙水池。这学期小班的孩子们开始进行户外循环区游戏了，而我负责的就是沙水池游戏。

要去玩沙子了，孩子们非常高兴，穿好鞋套、拿上自己喜欢的工具来到沙水池，开始了玩沙游戏。在沙水池，他们有的筛沙子，有的堆小沙丘，忙得不亦乐乎。沫沫原本在玩沙漏，但看到了其他孩子堆的小沙丘时也想堆一个，于是他放下手上的沙漏，拿着小筢子开始将沙子聚在一起。刚开始他用筢子挖

得很开心，可是挖了好久，小沙丘也只是一点点。他觉得这样很累，于是开始四处寻找其他工具。找了一会儿，他发现附近有一把小铲子（上面有许多小孔），便拿起它开始铲沙子，但铲起来的沙子大半都从孔里漏出去了。铲着铲着他失去了信心，丢下铲子，推了推旁边的小伙伴说：“我们一起来堆沙子吧！”但没有人理睬他，他一屁股坐在了沙地上，不知道该做什么。见此情景，我走过去向他建议道：“沫沫，你瞧瞧筐里。”沫沫听了我的话，慢慢地爬起来走向筐子。

这次他拿了三件宝贝：水桶和两把小锹。我想他肯定是想用锹将沙子铲到桶里，再堆沙丘。果然，他按我想的做了，但遗憾的是，他用的是一些干沙子，装满后倒出来就散了。这是引导沫沫观察、思考的好机会。于是，我拿起一个小桶接了一些水，把水淋到沙子上，然后用手将沙子堆高。不出所料，我的动作引起了沫沫的注意，他好奇地看着我，不时还皱眉思考着。过了一会儿，他也接了一些水来，把水倒在沙子上，然后将湿沙子装进他的小桶里，装得满满的，接着将桶翻过来，用小锹用力拍了拍，慢慢地把沙子倒出来。当桶完全拿开的那一刻一个小沙丘出现了，他开心极了，跑过来和我击掌，高兴地说：“耶，成功啦！”尝到了成功的喜悦后，沫沫乐此不疲地开始往沙子上淋水、挖沙

子、倒沙子、变沙丘，还高兴地和其他同伴说："你们看，你们看，这是我堆的小山，多好看！"

看到沫沫因成功而欣喜的样子，我也由衷高兴。同时，我也很庆幸，在沫沫挖沙的过程中，我没有在他想放弃筢子的时候就介入，否则沫沫将不会发现铲子，更不会发现铲子漏沙的问题。当问题出现时，我没有直接给他一把锹，否则，大概他就不会发现锹是最合适的。而最让我高兴并有成就感的是，当沫沫并未发现用干沙难以堆成沙丘的问题时，我玩沙的行为引起了他的关注与思考，这促使他发现问题并找到解决的办法。我相信，通过这样的观察、体验和亲自操作，沫沫会获得更深层次的经验，也更愿意继续探索。

由沫沫挖沙这件事我也明白了一点，给孩子提供喜欢的材料很重要，因为满足孩子的兴趣和需要，更容易激发他们内在的积极性，使他们更主动去探索，即使遇到困难，也更有动力去面对和解决。我们的教育目标是促进孩子的全面发展、快乐成长。只有激发孩子的内在潜能，才能真正实现我们的教育目标。

“人猿泰山”荡秋千

郭利佳

在顺和幼儿园，我们一直注重孩子的身心健康，本着让孩子“在玩中成长”的理念，每周都会开设户外循环区。为使不同阶段的孩子都能获得发展，我们根据孩子的年龄特点投放了不同层次的材料，并注意引导不同年龄段的孩子开展不同的活动。

在户外循环区，我负责的是攀爬区。这里有攀岩、轮胎山、粗麻绳子荡秋千，它们攀登的难度各不相同。其中，最富有挑战性的、孩子们最喜欢玩的就是粗麻绳子荡秋千。为什么这么说呢？因为要玩粗麻绳子荡秋千，孩子们得先爬上假山，然后抓住绳子让自己荡起来。说起来容易，但要真正荡起来却得下一番功夫，一旦荡起来，就可以享受到飞翔的快乐，因此它十分受孩子们喜欢。

一天，孩子们玩得正开心，我发现区域的角落里有个小男孩一直看着其他孩子玩，就走到他的身边蹲下来问：“你叫什么名字？”他没有说话，这时假山上的一个孩子开口道：“老师，他叫俊俊。”我再问：“你想玩这个吗？”他用力地点点头说：“想。”猜测他可能还没有足够的信心去挑战，于是，我拉着他的手走到假山前，对他说：“手用力抓紧攀爬点，爬到有粗麻绳的地方，别害怕，老师来保护你。”俊俊小心翼翼地抓紧攀爬

点，登上假山，慢慢地向粗麻绳靠近。当俊俊快接近粗麻绳时，我将粗麻绳递到他身边，告诉他双手抓紧绳子不松开，脚离开假山后要立刻把腿蜷缩起来。俊俊照着我说的做了，看着他认真的眼神，我又强调了一遍动作要领，才敢放心大胆地让他开始游戏。可是，不知是害怕还是什么原因，俊俊蹬脚离开假山后就松手了，所以他不但没有荡起来反而摔到了地上。看到他摔了，我赶忙将他从地上扶起来，急切地问道：“有没有摔到哪里？”他说：“没有。”我蹲下来检查了没问题后，问他：“还想不想再试试？”他点点头说：“老师，我还想试试。”我想是我的关心打动了他，他愿意和我交谈了。我说：“好，你到老师身边来。”他过来后，我蹲在他身边，然后说：“咱俩先观察其他小朋友游戏。”我边看边给他讲解动作要领，看了一会儿，他说：“老师，我可以了。”

再次来到起点，俊俊没有那么拘谨了，他快速地爬上假山，将身边的一根粗麻绳拉过来，小手紧紧地抓住，然后看向我。我赶忙点点头，示意他就是这样做，并向他做了个加油的手势。确定自己的动作无误后，俊俊用力蹬了一下假山，快速蜷起腿，成功荡了起来。在那一刻，我看到俊俊脸上露出了自信的笑容。停下来后，俊俊开心地跑到我身边说：“老师，我成功了，我荡起秋千了，我像不像‘人猿泰山’？”感受到他的喜悦，我赶忙伸出大拇指夸赞道：“俊俊是最勇敢、强壮的‘人猿泰山’！”受俊俊的启发，这个游戏也因此有了一个欢快的名字——“人猿泰山荡秋千”。

第二天，俊俊又来到我的攀爬区，还带来了一个小伙伴。这次，他不再小心试探，而是大胆地走到我身边，向我介绍他的好朋友：“郭老师，我把我的好朋友也带来了，他也想玩这个好玩的游戏。”我回应道：“可以的，就请你向你的好朋友介绍这个区域游戏的玩法，怎么样？”俊俊拍拍自己的胸膛说道：“没问题，包在我身上。”看着俊俊自信地向好朋友介绍游戏的玩法，我开心地笑了，不敢相信那个昨天害羞甚至有点儿胆怯的小男孩，今天就变得如此自信。看来，挑战特别是对困难的成功挑战有利于增强孩子的自信心。

接下来的日子里我的区域来了很多“小心谨慎的俊俊”，也增加了许多“大胆自信的俊俊”，我想这就是挑战性游戏的魅力。在游戏里，我们坚持协和共育的教育方法，创设自由开放、自主探索的游戏环境，为孩子提供一些有难度的器械，请他们自由选择，这使他们有享受自由、自主选择和控制自己行为的机会。因此，孩子们在挑战中多了一份主动和快乐，在面对困难时更愿意坚持，这些磨砺了他们的意志力。而当尝到成功的喜悦时，他们的信心增强了，自然就乐于展示自己，并继续挑战。

挑战“火焰山”

宋利利

看到“火焰山”这个名字，您是否会好奇，幼儿园里的“火焰山”长什么样子？当然，这个“火焰山”不是《西游记》里的火焰山，它是油桶山，位于我们幼儿园南侧的操场边上，由四层油桶层层叠高而建，是我们园自制的大型玩教具的一种。

在幼儿园，孩子们非常喜欢这座“火焰山”，他们常在上面爬来爬去，有的还喜欢坐在上面看风景。有一段时间，老师发现玩油桶山的孩子少了，一问才知道，原来最近天气炎热，油桶被太阳晒得烫手，孩子们摸的时间长了小手被烫得红红的，很不舒服，自然就去得少了。意识到这是锻炼孩子们深入探索、解决问题的机会，我邀请孩子们一起想解决的办法。孩子们的想法非常独特、有创意。有的提出给油桶山盖被子，就像外面批发冰棍的电动车一样；有的说给油桶山洗澡，洗完澡就凉快了；还有的说给油桶山扇扇子降温……见孩子们讨论得十分热烈，园长妈妈也参与进来说：“这些方法都很好，可是盖上被子后的油桶山，小朋友们要怎么爬上去呢？洗过澡的油桶山，我们再爬的时候会不会太光滑，容易摔跤呢？对着油桶扇扇子，怎么扇呢？一个人扇，还是几个人扇，会不会快速降温？孩子们，你们可以试一试这些办法。”听完园长妈妈的话，孩子们没有马上行动，而是继续思考：怎样能避免油桶山烫手，可以尽情在上面玩？

忽然，有个声音冒出来：“哈哈，这不就是《西游记》里面的火焰山吗？”“火焰山！”孩子们觉得这个说法太棒了，非常恰当，一致认可要将这座烫手的油桶山命名为“火焰山”。或许是名字带来的新鲜感与挑战性，孩子们仿佛受到了激励，他们的奇思妙想一下子喷涌而出。经过反复讨论，孩子们确定了用绳索攀登“火焰山”的方法，并兴奋地满怀斗志地去挑战它。

这不，每周四的户外循环区活动开始了，班上的孩子们又来挑战“火焰山”。在众多挑战者中，我注意到了小雨。他肉嘟嘟的，动作灵活矫健，在围

着“火焰山”转了一圈后轻轻一跃，爬上了第二层。可是，再往上爬时，他就遇到了困难，由于不会用绳子借力，他只能用自己的胳膊使劲地抱着油桶往上爬，一边爬一边四处张望，找自己能拽的东西。不一会儿，他就翻过山顶，一层一层地滑到了地上，然后潇洒地拍拍手，似乎很有成就感的样子。事实上，虽然小雨成功挑战了“火焰山”，但他的做法未能体现我们重新设计“火焰山”挑战方法的意义，这样下去他依然会丧失对“火焰山”的兴趣。当然，这个过程中我们需要注意到小雨如此做的原因，即他不能很好地掌握使用绳子的力度。也正是由于这个原因，我拦住了小雨，但并没有多说什么，只是请他当我的小助手，负责监督大家攀爬过程中的安全。

接受了任务的小雨十分负责，他认真地盯着，并不时提醒同伴们要注意安全。在我的引导下，他仔细观察了“火焰山”上面的哥哥、姐姐如何通过绳索借力，如何用脚蹬踏、使劲，更在我配合的讲解中明白了使用绳子攀爬的动作要领：双手使劲拽住绳子，不松手，脚一层一层往上迈。有所领悟后，小雨跃跃欲试，征得我的同意后，他开始了第二次挑战。一开始，他还是有点儿紧张，手不由得扶着油桶的边缘。我在一旁鼓励道：“小雨，双手一上一下地拽紧绳子，没问题的，我保护你。”虽然此时小雨还是有些紧张，但受到鼓舞后他还是慢慢放手，尝试拽紧绳子。通过几次尝试，他找到了方法，很快就到达“火焰山”山顶。下来的时候，他还是下滑，我连忙建议他尝试拉住绳索一层一层下来。听到我的建议，他爽快地拉住绳索并慢慢滑了下来。大概是受到成功的攀爬经验的激励，他后来主动玩了一次又一次。

其实，挑战游戏最吸引人的地方就是它的挑战性，最有价值的地方就在于激发人的潜能，使人勇于挑战、乐于尝试。通过这座“火焰山”，我们可以看到孩子们的潜能被进一步激发，他们学会了向困难挑战的方法，向成为自信、主动、友善、勇敢、健康、快乐的现代中国儿童进发。

滑梯逆向攀爬

皮佳媛

大滑梯是孩子们喜欢的大型玩具之一，在玩大滑梯游戏时孩子们常将看过的动画片中的角色融入其中，这使他们在玩大滑梯时沉浸于自己自由创编的游戏情境中并长时间保持情绪愉悦，有利于他们的身心健康发展。

这次在玩大滑梯的游戏时，我们加入了喜羊羊与灰太狼，还有奥特曼、猪猪侠的角色。开始游戏时，孩子们制定的游戏规则是灰太狼不能进入滑梯，因为滑梯是羊的家，他们可以在滑梯下躲闪追逐，在滑梯上刷卡进入。可是时间长了，灰太狼们也想滑滑梯，就开始从滑梯下往上爬，还呼喊同伴，提醒他们从窗户往里爬。于是，出现了扮演灰太狼的孩子从滑梯坡下往上爬或从滑梯上面拽要爬上去的孩子，而扮演羊的孩子用脚往下蹬以抵抗灰太狼入侵的场面。由于滑梯有一定的高度和斜度，再加上灰太狼们数量少，入侵没有成功。

其实，这些在教师眼里都是危险的事情，因为在游戏开始前教师并没有明确游戏规则，所以在游戏中孩子们就展开自己的想象，想办法抵抗入侵和

加强进攻，但如此混乱的场面很快就会使游戏终止。为避免糟糕的情况发生，也为保障孩子们的安全，我开启了停止游戏的音乐，请孩子们来到我身边，询问他们游戏的状况，并表扬了扮演灰太狼的孩子们在游戏中能想办法完成任务，请他们分享进入

羊堡的方法。孩子们说："进入羊堡可以从滑梯坡下往上爬。"感觉到孩子们对这种攀爬的方式有着浓厚的兴趣，我问道："有没有小朋友示范给我们看看呢？"我的邀请得到了一些孩子的积极回应，有几个孩子快速地爬了上去。为了让更多孩子

也有成功的体验，我对刚才示范的孩子说："能不能把你们刚才的动作和小朋友们说一说，也让大家试试？"孩子们爽快地答应了，他们说："往上爬的时候要离大滑梯远一些跑上去，然后两只手抓住大滑梯两边的扶手拽着往上爬。"我重复了孩子们的话，并第一个试了试，成功地爬上了滑梯。

看到我成功了，孩子们都想试一试。我说："没问题呀，但老师是一个人，你们有很多人，而且只能一个一个地试，怎么试呢？"有孩子提议：排队等着，一个一个地爬上去试一试。我表示同意，但又问道："要是你们没成功，还想试一试，可是你们后面排队的人很多，怎么办呢？"孩子们说："那就每人试一下，不管是否成功都不要再试了，让别人来。"我同意了孩子们的想法并询问他们是否需要我在滑梯旁加油鼓劲，当然这不是我主要的想法，我更多的是想保护孩子们的安全，因为逆向攀爬滑梯活动之前从未开展过。对于我的提议，孩子们欣然同意了。

商量好后，孩子们一个接一个地试着逆向攀爬滑梯，在每一个孩子跑的时候我都鼓励他加速跑，提醒他用双手抓住滑梯两边使劲拽着往上爬，并托着他帮助其完成挑战。当然，也有胆子较小的孩子不敢尝试，我没有勉强，只是让他观察同伴的动作，给大家加油鼓劲。在孩子们都尝试了以后，我询问他们对这个玩法的感想，有的说很有挑战性，有的兴奋地表示以后还想这样玩。见孩子们都沉浸于愉悦的情绪中，我适时问道："那如果有人想滑下来，你又想爬上去，撞在一起，怎么办？"孩子们说："那就等没人滑下来时再爬上去。"我点了点头表示肯定，接着又问道："如果没有老师在旁边保护你，你掉下来怎么办？"这时孩子们不说话了，我提出建议："如果哪

天好多人都想玩逆向攀爬滑梯的游戏，就告诉老师，我们一起玩。”孩子们拍手同意了。

如同大家知道的那样，在滑梯上逆向攀爬是危险的行为，而且孩子中也常有这样的行为出现。在游戏中，当我发现孩子们不按规则游戏，甚至做出有点儿危险的行为时，并没有立即喝令制止，而是在保证安全的前提下给予孩子们自由游戏的空间。等孩子们享受了游戏的乐趣后，才帮助他们梳理自己在自发游戏中的探索行为，并不断抛出问题引导他们学习攀爬的方法及发现这种行为中的危险。这样，孩子们既学会了新的技能，也懂得了保护自己，比起立即制止、单纯地说教，我想，前者会更让孩子们开心，也更让他们受益。只有这样，我们才能让孩子们在对器材的自由探索中有所收获，才能培养出自信、主动、友善、勇敢、健康、快乐的现代中国儿童。

泥艺工坊

李 莹

“泥”是大地的元素，是自然的产物，也孕育了人类丰富的文化。玩泥巴是孩子的天性，可是现在在城市中生活的孩子们在家长和老师的“呵护”下却远离了泥土，错失了与自然亲密接触的机会。无疑，这样的做法对孩子的发展来说是不可取的。

在顺和幼儿园，我们的教育理念是尊重规律、协和共育、全面发展、快乐成长，我们鼓励孩子们与自然亲密接触，于是，我们开辟了这样一方“净土”，它让孩子们可以随心所欲、保持愉悦。它是什么呢？就是位于幼儿园大楼三层的泥艺工坊。

走进泥艺工坊，可以看到两缸泥巴，铺满粗麻布的桌子，一圈木凳。这些构成了孩子们玩泥巴的小天地。在这小天地里，我们可以看到下面的场景。

这里是孩子释放天性的乐土

活动区的时间到了，三五个孩子迫不及待地系上了围裙，赤手从泥缸里抓起泥巴，开始玩了起来。有的孩子抓起泥巴来回摔打，溅到脸上也全然不顾；有的孩子陷入沉思，思考着究竟能捏点儿什么；还有的孩子动作非常快，运用搓、团、捏等不同的手法，一会儿工夫就将泥团变成了一个个生动的形象。孩子们欢呼雀跃："我的泥变成了小蛋糕！""我的泥变成了小萝卜！""我的泥变成了小蜗牛！"孩子们沉浸在玩泥的快乐中，尽管个个都变成了小泥人儿，却无法减少他们童真的欢笑声。

这里是孩子相互学习、探索的空间

阳光下，孩子们的泥巴作品也沐浴着温暖的阳光，待晒干之后就可以上色了，但不妙的是发生了一些小插曲。

欣欣捏的"小羊"的头掉了，怎么办？泥已经干了，粘不上了。浩浩说："我们再想想别的办法，用胶棒试试。"孩子们开始找胶棒，但是不行，胶棒是粘纸的，粘不住泥土。"有了，用小棍试试。"航航从科学区拿来一些牙签，"看，一头插进身体里，另一头连着头，这样就结实啦！"成功挽救了"小羊"，孩子们露出了开心的笑容，而且这个办法也在区域内传播开来。

秋天是丰收的时节，孩子们在泥艺工坊里制作玉米。然然做完了玉米，正一小条一小条慢慢地搓着玉米须。见她如此专注，老师并没有打扰她。沉浸于制作中，时间很快过去，眼看活动就要结束了，然然着急起来，慌忙中甚至想直接放弃。见然然焦急的样子，老师俯下身来问："怎么了，然然？"然然说："我想做一些玉米须，但是太难了，又细又多。"老师看了看然然的作品，夸奖道："你做的已经非常棒了，但想尽快地做出玉米须，有什么好的办法呢？"然然没有回答，老师又接着问："你觉得玉米须与我们生活中常见的什么东西最像？"然然说："我觉得它又细又长，好像线一样。"老师说："那它是什么颜色的呢？""有点儿黄黄的，老师，我知道啦！"然然兴奋地起身，到编织区取来一团黄色的毛线说，"我们可以用毛线代替玉米须，这样就省劲啦！"说完，她便用毛线快速地做好了玉米须。

这里是孩子感受艺术美的天地

我国著名教育家陈鹤琴先生曾说："怎样的环境就能得到怎样的刺激，得到怎样的印象。"为了激发孩子们的创作灵感，在泥艺工坊里我们陈列了各种各样的泥塑欣赏作品，有名家的，也有老师和孩子们的，甚至还有家长的。而孩子们在这种环境的熏陶下，产生了更多的创作灵感，他们将这些灵感付诸实践，不断创作，从中收获了更多经验。

在和孩子们一起“玩泥巴”的过程中，我发现亲近自然的确是孩子的一种本性，而且他们对沙子、泥土等自然物更是情有独钟。因此，作为幼教工作者，我们在设计课程、选取投放材料时，应从孩子们的兴趣入手，让他们更具主动性；应结合孩子们的身心发展特点、认知水平、经验能力，让他们不断地思考、持续地探索；应考察材料本身的价值，让他们有探索的空间，真正做到尊重孩子，以孩子为主体，科学地投放材料，让孩子得到个性化、全面的发展。

最美“黑白配”

高珊珊

在顺和幼儿园，有这样一片涂鸦天地，它们一黑一白，记录着孩子们的成长，也成为一道最美的风景。

黑

在幼儿园教学楼三层的涂鸦区，有一块长长的黑板。一天，孩子们手握粉笔，在黑板上描绘着春游的场景。

“高老师，辰辰瞎画！”随着这声高喊，涂鸦区的宁静被打破，几个孩子簇拥而上，我闻声也走了过去。我看到的是黑板上有几个大大的圆圈，它们穿过其他孩子画的树林、草地，直飞上天，将原本和谐的画面切分开了。一些孩子对此心有不满，他们愤愤地说：“辰辰总捣乱，把我们的画都画乱了！”“就是，我都画不下去了！”听到同伴的话，辰辰低下了头，手里紧紧握着粉笔。见此，我笑着说：“我倒是觉得还挺有意思的。”听到我的话，一些孩子惊讶地瞪大了眼睛，而辰辰立刻抬起了头，眼里似乎有光。没有停顿下来，我接着说道：“我觉得，好像一阵风啊！”“是龙卷风吧！”“这是要下雨吧！”受到我的启发，孩子们你一句我一句地议论着。见机，我把辰辰拉了过来，问他：“辰辰，你画的是什么？”“我画的是风筝线。”辰辰小声嘟囔着。而我提高了声调说：“哦，原来是风筝线啊，你一定想把咱们放风筝的情景画下来，对吗？”辰辰点点头。其他孩子听闻立刻打开了话匣子，聊起了春游时和老师一起放风筝的快乐时光。

《幼儿园教育指导纲要（试行）》中指出：“幼儿的创作过程和作品是他们表达自己的认识和情感的重要方式。”从辰辰的身上我们可以深刻感受到这一点，简单的线条就是他表达自己情感的语言，并不受限于绘画的技法与水平。

白

在黑板的对面，是一片雪白的大理石墙面，孩子们挥舞着水粉笔，手持调色盘，描绘他们的故事，讲述他们天马行空的梦境。

尽情挥洒后，当区域活动结束的音乐响起时，孩子们开始收拾整理，在商量好作品的保留部分后，纷纷拎着小桶去水池接水，清理墙面。墙面光滑，擦拭起来相对容易，但要清理干净还需要费些时间。在阳光的照射下，几个孩子努力俯身擦拭着，擦了一阵后，子卿说："咱们得快一点儿，其他小朋友都回班了。""是啊，这个擦起来太费事了，我的抹布都脏了。""我来帮你换水吧。""要是这时候能下雨，我们就省事了。"几个孩子有感而发地讨论着。听着孩子们的话，觉察到这是引导他们进一步思考、锻炼解决问题能力的好机会，我趁机问道："那我们想一想有什么更好的办法呢？"香香说："我想到一个办法，我们去和园艺奶奶借根水管吧，像浇花一样，我们用水管冲洗，这样就会省很多力气！""对，这个办法很好，我怎么没有想到呢！"萌萌说："我们可以像油漆叔叔那样，用大刷子一刷，这样也会很快的。"孩子们你一言我一语，各自发表见解。

之后，我请孩子们尝试用自己想出来的办法。找园艺奶奶借来水管的香香发现管子不够长，无法将水从水池接过来；想到用大刷子的萌萌，在老师的帮助下借来了大刷子，但刷了没多久，她的手就累了。怎么办呢？这些办法似乎都不奏效。俗话说："众人拾柴火焰高。"我们决定邀请更多的人讨论解决的办法。将面临的问题及采取的办法和孩子们讲清后，他们开始热烈地讨论起来。有的说："我们需要水，但打水太麻烦了，要是可以像下雨那样直接从上面浇水下来就好了。""是啊，是啊！或许我们可以用喷水枪喷。""喷水枪也要接水，要是不用接水，水自己从上面流下来就好了。""我见过水可以自己流下来的，我和妈妈去玩的时候看到有水管子里的水自己流下来给花浇水，妈妈说那水是可以用开关控制的。""哇，有这样的！要是我们也能做个这样的就好了。"听完孩子们的话，我心里有了想法。

放学后，我敲开园长办公室的门，把在涂鸦区发生的事情详细地讲述给园长妈妈，并告诉她我想实现孩子们的这一想法，希望能够得到她的帮助。园长妈妈听完，十分高兴，立即表示支持。在园长妈妈的帮助下，我们请来了施工的师傅，按照孩子们的想法，我们在墙面的上侧安装了一个PVC管子，在管子下面打出一排排水孔，并安装阀门控制。在安装的过程中，孩子们常常去参观，当然这是在保证安全的前提下。在一次参观中，孩子们正好见到安装的管子在排水，一开始他们非常兴奋，但看着看着，他们发现这些冲刷过墙的污水会流在地上积起来。怎么办呢？这些污水该如何处理？一些孩子提议请园艺奶奶来帮忙处理，一些孩子提议用水桶接着。然而，还有一个孩子默不作声，他盯着管子看了会儿后提议用安装管子的方法排水。原来，他平时很喜欢各种管子，常常观察房屋周围的管子，因此他才有如此提议。很明显，这个提议非常好，其他孩子也一致赞同。之后，师傅安装了管子，将污水排到楼外。几天后，所有的设备全部安装完毕，孩子们再次来到涂鸦区，这一次收拾整理变成了他们最快乐的事。

《幼儿园教育指导纲要（试行）》中指出："环境是重要的教育资源，应通过环境的创设和利用，有效地促进幼儿的发展。"确实，环境对孩子会产生全方位的刺激，能激发其内在的积极性与主动性，使其获得直接的情感体验。在顺和幼儿园，我们重视环境的作用，更尊重孩子的天性与主体性，在引导孩子与环境互动的同时，更鼓励他们创造环境。我们希望环境是安全、趣味、立体、艺术、互动的，能够使孩子获得全面的发展。

哆啦A梦主题餐厅

王　欣

这学期区域环境的创设要重新评比了，经验不足的我毫无头绪。我便找到李老师向她诉说了自己的困惑。李老师听完笑了笑，然后问了我一个问题："你们班的孩子最喜欢什么？"我想了想说："最近他们特别喜欢讨论吃的东西。"李老师说："那你可以尝试美食区，和孩子们一起给区域命名，包括制作、规则都可以让孩子自己去定。"听完李老师的建议，我顿时有了想法，回班后将自己的想法和班里的老师们一起交流。她们赞同我的想法，于是我们开始行动起来。

在之后一天的过渡环节里，我询问孩子们："孩子们，你们这么喜欢吃的，那我们在班里开个餐厅，好不好呢？"孩子们听到后兴奋地叫道："好！太好了！"我打开电视，放映了一些餐厅的图片，从孩子们的眼神里我能感觉到：开个餐厅是正确的选择。我说："那我们一起给餐厅起个名字吧！"孩子们脑洞大开，纷纷用响亮的声音争先恐后地说出自己喜欢的名字，如小花餐厅、奥特曼餐厅、白雪公主餐厅、赛车餐厅、哆啦A梦餐厅、艾莎公主主题餐厅等。孩子们的声音交融在一起，一时间让局面有些混乱，以至于我也有点儿手足无措，只好终止了这场讨论。

午睡值班时，李老师找到了我，问："你们班的角色区有想法了吗？"我无奈地向她诉说了和孩子们一起讨论的结果。她听了之后对我说："其实，可以有些特色，如主题类的。"说着她拿出手机给我看了几张主题餐厅的图片，别说孩子，连我都很喜欢这些场景布置。于是，我和孩子们又开展了一次讨论。

这一次，我先请孩子们观看了很多主题餐厅的图片，图片一放，孩子们的目光立刻被吸引住，教室里变得鸦雀无声，只有一双双憧憬的眼睛紧紧地盯着图片。我问：“这些是主题餐厅的样子，好看吗？”他们异口同声地说：“好看！太好看了！”我问：“昨天是谁提到的艾莎公主主题餐厅？”“我。”妍妍骄傲地高举着手。我问：“你去过主题餐厅吗？”她点点头。我继续问：“主题餐厅是什么样子呢？”妍妍着急又兴奋地解释：“就是里面的布置都是艾莎，可漂亮了。”于是，我又搜了搜各种主题餐厅的图片给孩子们看，他们看到之后更加兴奋了，纷纷说：“就要开主题餐厅，就要开主题餐厅……”我想了想问：“那我们的主题餐厅叫什么好呢？也叫艾莎公主主题餐厅？”孩子们说：“不，叫奥特曼主题餐厅。”“哆啦A梦主题餐厅。”“白雪公主主题餐厅。”“这个名字只有女生才喜欢，我喜欢赛车主题餐厅。”由于孩子们的热烈讨论，场面一下子又混乱起来，为缓和这种局面，我提出建议：“这样吧，咱们班有男孩，也有女孩，所以要取一个男孩、女孩都喜欢的名字，好不好？”“那就叫哆啦A梦主题餐厅吧！”“好！就叫这个。”就这样，我们的“哆啦A梦主题餐厅”终于定下来了。

一天午饭后，我正和班组长说着班里的事情，李老师进来了。她环顾了教室一周后，将我叫到活动室，问：“进展怎么样？”我开心地向她汇报了我们班“哆啦A梦主题餐厅”的讨论结果，她点了点头，又向我建议餐厅的布置、规则、食物、菜谱等都可以让孩子参与制作。可是区域评比的日子非常近，我担心这大量的任务完成不了。看出了我的忧虑，李老师便详细向我解释道：“搞评比并不是真的要分个高低，而是想让大家都能欣赏到各班的特点，从而给你们开发更多的思路，也是互相学习的机会。餐厅需要的东西确实不少，可以利用美工区或者过渡环节的时候制作，必要的时候还可以请家长一起参与，促进亲子关系，实现家园共育！”听完我点了点头，回班后马上行动起来。

由于时间紧，我和班里的老师们一边加班，一边组织孩子们用彩泥等材料制作大量食物，并一起讨论进区的规则和厨师、服务员的职责等。虽然我们加班加点、双管齐下，但时间还是不够。眼看评比的日子即将到来，着急的我便自己将规则画了出来，贴到了墙上。午睡时，尽责的李老师再次过来，我兴奋地向她展示了我的规则，想要得到一些鼓励，可是她的脸却变得严肃起来，说：“我和你说过，区域里所有的布置应尽量让孩子来完成。”听到这儿，我脸上的笑容凝固了，而此时李老师继续说：“我们都知道，我们顺和幼儿园的主要教育目标就是要促进孩子的全面发展、快乐成长。这个不只是口号，更要落到实处。而区域进行环境布置，最终目的就是要促进孩子的发展。不只是环

境布置后，孩子们可以在区域里探索，获得发展，在环境布置的过程中，以孩子为主体，让孩子参与环境的创设，也是促进孩子发展的机会，而且这样更有利于调动孩子的积极性与主动性。就以这个规则的制定来说，让孩子自己去制定，这样会让他们更具主人翁意识，会自觉遵守规则，同时也增强了他们的自律性，锻炼了他们的绘画能力。而这就是真正地以孩子为主体，真正向着我们的教育目标迈进。”听完我恍然大悟，顿时开始懊悔自己的“小聪明”，差点儿剥夺了孩子们发展的机会。幸运的是还有时间更正我的错误，于是我马上开始引导孩子们进行制作和绘画，他们对此非常感兴趣，都积极参与。之后，每天李老师都会来看进展，解答我的困惑。

最终，在李老师的指导下，在班级老师们的努力下，在孩子们和家长们的配合下，餐厅的大致模样出来了。在不断完善后，我们迎来了评比活动。在活动中，我开阔了视野，见识到各位教师的才华，也明白了区域环境创设的意义。

合理的区域环境创设能够促使环境的教育启迪作用得到充分发挥，孩子们在这样的环境中生活会受到影响，增长见闻、启迪智慧、拓展思维空间、发现美与感受美。而让孩子们参与环境的创设，会增强他们的主人翁意识，一方面他们会积极参与学习活动，另一方面他们也会受到环境潜移默化的影响产生规范自身行为的意识。在这样的交互作用下，孩子们的身心便能获得健康成长。

照相馆

孙　哲

毕加索说："每个孩子都是天生的艺术家。"的确，孩子拥有与生俱来的想象力和创新探索的欲望。最近，在班里我发现孩子们除了用自己的想象力画出别具一格的图画外，对用相机记录自己喜欢的东西也表现出极大的兴趣。因此，我决定在班级角色区里开设"照相馆"，以满足他们对摄影的需要，并希望孩子们能体验照相馆的生活，了解相关角色的职责及其关系。

开始活动了。首先，我们一起为照相馆取了一个好听的名字——咔嚓照相馆，然后开始动手布置照相馆。孩子们各显神通，有的将家里喜欢的纱巾、头饰、衣服带到幼儿园，打扮自己，只为拍出自己喜欢的照片；也有一些爱美的女孩子在美工区折出五颜六色的扇子，用来装饰照相馆的大门，非常漂亮；还有特别乖巧且用心的桐桐和梓璇，利用周末时间和妈妈一起制作了相框带到幼儿园，用来装扮大家拍出的照片。

终于，经过大家一周的努力，我们班的照相馆布置好了。请来其他老师参观并提了宝贵的意见后，我们又做了改进。至此，照相馆就全部布置好，正式开业了。

开业后，宁宁当上了照相馆的第一任摄影师。在照相馆前，她戴上了摄影师的工作牌，拿起照相机向来来往往的小伙伴吆喝："快来拍照呀！我们的挂历照可好看了。"在她的招揽下，有客人走了进来，宁宁马上热情相迎。

"我想拍这样的照片。"客人萱萱指着桌上的台历照说。听到顾客的要求，宁宁找来相应的小猪道具递给了萱萱。

"好的，来笑一下，我给你拍。"宁宁边说边"咔嚓"一声按下了快门。

目睹这一过程的潼潼被吸引住，说："我也拍一张，但我要和挂历上的一模一样，要穿上皇帝的衣服拍。"听完潼潼的要求，宁宁顿时为难地说："这件衣服没有，我给你戴个面具吧，也很好看的。" 潼潼说："还有其他衣服吗？"宁宁摇了摇头，潼潼只好遗憾地走开了。

之后，宁宁又接待了几个客人，然后照相馆逐渐变得冷清下来。趁着空闲，她开始拿出纸和笔画起了照片，画完她将照片装入了相片袋后，又继续开始招揽客人，但结果并不理想。

为什么没有客人来呢？明明孩子们都喜欢照相。我细想其中的原因，发现虽然这次角色游戏的主题扩展、情节丰富，扮演“摄影师”的孩子能用清晰的语言招呼客人且向客人做完整的介绍，扮演“客人”的孩子们也具有初步的规则意识和一定的角色意识，但现有的游戏材料难以满足游戏情节发展的需要。因此，孩子们因需求得不到满足而失去了兴趣，自然就不来照相馆了。

为了让照相馆能够继续经营下去，也考虑到材料的投放要从孩子们的需要和兴趣出发，让孩子们能根据自己的愿望和想法与材料互动，我适时介入游戏，以客人的身份走进照相馆。我问：“摄影师，你这里有什么衣服可以让我穿着拍照呢？”摄影师说：“你在这里选一选吧！”我说：“我觉得这里的衣服有点儿少，没有我想要的，你还有别的吗，或者我这里有一些很漂亮的包装纸，你可以用它帮我做一件衣服吗？”摄影师说：“用纸可以做衣服吗？”我说：“当然可以！你可以尝试做一做。”于是，在我的建议下，宁宁展开想象，以真实的衣服为参考，做出来一件简单但颇具创意的纸衣服。很多孩子被新挂出的衣服吸引过来，纷纷要求穿上拍照。有的孩子受到启发，表示自己也想做一件。为满足大家的需求，照相馆里开设了服装区，并提供一些半成品的操作材料。而孩子们则全情投入，对制作自己的“时装”产生了浓厚的兴趣，甚至一些平时并不喜欢动手的孩子也争相回家收集

各种包装袋带回幼儿园。我发现了孩子们的兴趣、需要后，在材料库里有意识地增添了类似的材料，同时“时装店”的游戏主题也开始萌芽了。

《幼儿园教育指导纲要（试行）》中指出：“幼儿园的空间、设施、活动材料和常规要求等应有利于引发、支持幼儿的游戏和各种探索活动，有利于引发、支持幼儿与周围环境之间积极的相互作用。”游戏中，我就是观察到照相馆生意冷清后，思考了其中的原因并以游戏者的身份参与其中，从而引出了孩子们后续制作衣服的活动。觉察到孩子们对制作衣服的兴趣和对材料的需求，我又及时提供、调整了游戏材料，以此来促进孩子们进一步探索。能发现问题、及时调整，并投放孩子们感兴趣和需要的材料，我想，是因为我敏锐地观察每个孩子的每一点变化，了解他们的每项兴趣与需要，我不再是传统意义上的老师，而是通过环境材料的创设和适当的介入成为孩子们游戏的有力支持者。

小葫芦里的大用意

高佳文

顺和幼儿园是一所美丽的幼儿园，庭院里绿意盎然、芳草如茵、好景纷呈。教学楼里明亮干净、特色鲜明、充满童趣，创设了童话森林剧场、童话走廊等，但我最喜欢的还是二楼楼梯口的“小葫芦”。为什么这么说呢？因为这些生动形象又有趣的小葫芦都是出自孩子们之手。

每次走过楼梯口路过这些小葫芦，我总是情不自禁地想起当时孩子们一起画画时的情景。那时，是我接班之初，为了尽快认识并熟悉这些可爱的孩子们，我决定从画画这方面入手，一是大多数孩子都喜欢画画，这样可以拉近我们的距离；二是通过绘画可以增加对孩子们的了解，以便开展适宜的活动。而

幸运的是，当时园里恰好收集了一些大大小小、造型奇特的葫芦，班里的孩子们都十分好奇，一些没见过葫芦的孩子更是连连发出惊叹。他们觉得这些葫芦造型各异，表面硬硬的，但很光滑，就像小石头一样。之前，孩子们欣赏过形态各异的“石头画”，这正是迁移经验的好机会，孩子们可以尽情发挥创意画葫芦。

在画葫芦的过程中，孩子们心无旁骛、全情投入。其中，最吸引我注意的是君君，她是一名转学生，这学期才来到我们班。初来时，君君非常害羞、胆小，和她说话时她会躲到奶奶身后，胆怯地露出一只小眼睛偷偷看我。然而，这样的君君在绘画时却判若两人，她浑身透出自信与坚定，完全沉浸在绘画的世界中，不管身边的同伴如何嬉笑打闹，她一点儿也不受影响。当然，她的绘画作品也与众不同，有着一种独具个人色彩的古灵精怪。更惊奇的是，害羞的她在介绍作品时神采飞扬、充满自信。意外君君如此截然不同的两面，我对君君进行了深入了解，知道君君的爸爸担任一所中学的绘画老师，受爸爸的影响，君君从小就很喜欢绘画，而且君君之所以能创作出如此灵动的绘画作品，正是由于爸爸在指导君君绘画的过程中十分注重保护她的想象力，鼓励她大胆表达自己的想法。但是，由于君君的爸爸、妈妈都是教育工作者，工作单位离家较远，平日里只能把君君留给年迈的奶奶，减少了她与人交往接触的机会，所以她害羞、不太爱说话。

我以为这样害羞的君君需要花费很长时间来适应，但意想不到的是，转折点很快出现了。在画葫芦时，君君十分与众不同，她大胆发挥想象力进行创作，在葫芦上或是画出各种线条，或是天马行空地直接在葫芦上填涂颜色。很多孩子看到君君画得这么有创意、这么好看，都主动向她请教。一开始君君不好意思，但随着越来越多的人夸赞和请教，君君渐渐增加了自信，当起了小小的美术老师。活动过后，我能明显地感觉到君君变得开朗了，说话的声音大了，笑容更多也更灿烂了。后来，君君不仅交到了几个同样爱画画的朋友，还会主动找我或与其他同伴一起分享生活中的小趣事。

从君君的变化中，我们可以发现：投放孩子们感兴趣、喜欢并乐于探索的材料，有时候不仅可以有效促进他们的发展，还是他们建立与同伴关系、认同自我、展现自我的关键。因此，在活动中我们需要投放孩子们喜欢并适宜的材料，并将教育的目标聚焦在为他们终身发展奠定良好素质的基础之上，让他们在幼儿园度过快乐而有意义的童年。

空竹进幼儿园啦

吴俊霖

鲁迅先生曾说过："越是民族的，越是世界的。"但我们要警惕这样的现象："世界的"越来越多，"民族的"越来越少，而孩子们对身边的传统文化知之甚少。传统文化是我们民族的根脉，我们要坚守传统文化的底色，更要将教育扎根传统。于是，我们让传统文化走进幼儿园，将它融合在孩子们的生活、教育中。

在幼儿园的环境设计上，我们选取传统文化元素，创设中国风文化主题环境，设有民间传统游戏板块，将投壶、跳房子、赶小猪、踢毽子等多种传统游戏巧妙地融入环境，使孩子们在潜移默化中接受传统文化的熏陶。

在中华人民共和国成立70周年之际，我园还特别邀请民间艺人走进幼儿园，开展空竹传统文化才艺活动，让孩子们亲身感受中国传统民俗文化的魅力。

我国民间传统玩具空竹，最早是由民间游戏用具"陀螺"演变而来的。典型的空竹有单轮和双轮之分。用空竹进行的游戏一般称为抖空竹，在我国民间

已有600余年历史。2006年5月20日，抖空竹经国务院批准被列入第一批国家级非物质文化遗产名录。在中国，每逢庙会、春节及二月二龙抬头，抖空竹都会作为特色游戏项目进行展示。

这一次，我们就将空竹请进了幼儿园。在孩子们一张张期待而兴奋的笑脸中，在主持人一声清脆的哨声中，在喜气洋洋的音乐中，老艺人们抖动空竹，抛、接、甩、捞、转……一时间现场空竹翻转，发出欢快的“嗡嗡”声，一抛一接间空竹上下飞舞，来回摆动。看到中国龙在空竹的引领下飞舞，看到各种

花式动作，看到单线、双环抖、绕肩抖、双棒儿、龙凤齐鸣、龙八字、水平画圆等精彩表演，孩子们欢呼雀跃、掌声不断。民间老艺人精彩的演绎和精湛的表演，让老师和孩子们大开眼界，赢得了在场所有师生的阵阵喝彩，笑声、欢呼声在整个幼儿园里回荡。

此次表演的老艺人们平均年龄在60岁以上，他们娴熟的技艺和为民间艺术坚持和奉献的精神深深感染了老师和孩子们。

抖空竹表演结束后，孩子们和老师都跃跃欲试、争相体验，老艺人们倾囊相授，手把手地传授抖空竹的技巧和方法。能够亲身体验民间艺术的神奇魅力，孩子们玩得不亦乐乎，不仅喜欢上了传统文化，还愿意更深入了解传统文化、传承传统文化。

这一次，其实只是我们开展的众多传统文化活动中的一个。无论是在日常开展的各种活动及大大小小的节日中，还是在环境的创设中，无论是动态还是静态，我们都注重将传统文化融入其中。因为幼儿园里的人、事、物都对孩子有着重要影响，我们希望为孩子创设有利于他们全面发展的物质、人文环境，希望在中华传统文化的浸润下民族自信、文化自信会在顺和幼儿园的孩子们心中生根发芽，最终他们能成为自信、主动、友善、勇敢、健康、快乐的现代中国儿童。

第五章 师幼和

师幼和，是教师接纳孩子的情绪和个性，尊重孩子的发展特点和规律，理解孩子的能力和想法，为他们提供探索的空间、创造发展的机会，与孩子建立良好的关系。在顺和幼儿园，教师们遵循“顺天和人，快乐成长”的教育理念，掌握了与孩子们建立“师幼和”关系的诀窍。她们尊重孩子并理解孩子的想法和行为，为孩子保守帽子的秘密，探究孩子“我闻你了”的行为，用动听的“嗯”帮助孩子解决困境；她们接纳孩子的情绪和个性，不管是孩子的分离焦虑、拒绝午睡，还是“小豹子”似的行为，她们总是用爱与专业化解；她们尊重每个孩子的个性，关注每个孩子的发展，为他们提供探索的空间、创造发展的机会，用彩绳与孩子结下了深深的缘分。

帽子的秘密

王红景

我们班的花生，是一个“小暖男”，但开学不久他头上莫名地长了一根白头发，去医院看后他被诊断为“白癜风”。而这对于一个仅仅4岁的孩子来说，显然是一场巨变。

在开始接受治疗时，因为每天要在头皮上抹药治疗，所以花生头顶的一小部分头发被剃光了。但令人高兴的是，在一次次的治疗下，花生的病情有所好转，从每天都要抹药到抹药间隔的时间拉长，最后他只需每星期去两次即可。这时候花生的爸爸、妈妈决定，花生可以返回幼儿园上学了。虽然这是好事，但新的问题来了：来园后的花生，我感觉到他的心里有点儿自卑、恐惧、不安及焦虑，尤其明显表现在每天早晨来园时，他不再像以前那样大声主动地向老师问好，代替的是：“妈妈，您告诉老师我不摘帽子，您早点儿来接我，给奶奶打8次电话早点儿排队来接我。”在幼儿园里，花生也整天戴着帽子，甚至连午睡时都不肯摘掉，人也变得寡言少语。看到花生的变化，我既心疼又担心，我知道花生是怕其他孩子看到自己由于做治疗被剃光的那块头皮。

于是，我与花生家人沟通了解他的治疗情况，并在班级里寻找一切可以与花生谈心聊天的机会。发现花生很喜欢看书，我便通过书慢慢走近他，但避免将他置于不舒服的情境中。那段时间，图书区就是我们的专属“约会”空间，因为我的耐心，花生慢慢地开始愿意和我交流了，并和我建立起了一定的信任基础。或许我可以尝试去打开花生的心结，于是在一次我和花生一起看完他喜欢的绘本后，我温柔地对他说：“你看屋子里多热呀，我们把帽子摘了，可以吗？”花生用胆怯的眼神看着我，对我说：“老师，我不摘帽子，我不热！我不想让小朋友看见我这里没有头发！”我小声地问他：“你可以给王老师看一下吗？”他目光退缩了一下，但基于对我的信任，他尊重我并同意了。我轻轻地摘下他的帽子，又轻轻地给他戴上，然后对他说：“虽然你觉得有一点点影响美观，但是在喜欢你的人眼里，没觉得有什么不同。你的爸爸、妈妈是爱你的，老师和同学也是爱你的。在老师眼里，那块没长出头发的部分是花生勇敢地与病魔做斗争的光荣勋章。咱们慢慢去适应，在教室或者出去时不戴帽子，好吗？”听了我的话后，花生犹豫地问：“我能行吗？”我对他说：“当然能行，花生这么勇敢！”受到鼓励的花生，慢慢地把小帽子摘了下来，甚至还骄傲地对我说：“看我不戴帽子的样子是不是也很帅呀？”我笑着对他竖起了大拇指。班里其他孩子看到花生摘下帽子后好奇地围了过来，花生见状赶忙戴上了小帽子。为了保护花生刚刚树立起的信心，也为了让孩子们在这个过程中懂得尊重别人，我告诉孩子们：“每个人都有不想让别人知道的小秘密，但每个人都有自己的优点。花生的优点就是坚强、勇敢、不怕困难，而且他的故事讲得非常好！花生暂时还不想让小朋友们知道他的小秘密，但我相信总有一天他会主动摘下小帽子，和我们一起分享他的‘小秘密’，去挑战不一样的自己，我们给他鼓掌加油！”听完我的话，孩子们中响起了一片掌声。

从那一次谈话后，花生变得比以前更加自信、勇敢了：早来园再也不像以前那样黏着妈妈了，见到我后会大声地和我打招呼；午睡时他会主动摘下帽子入睡；有时在班级里，花生还会主动找我谈心。有一次他看到我肩膀不舒服，便轻轻地走到我身边帮我捏起了肩，边捏肩边神气地对我说：“我在家里还经常帮我妈妈捏肩呢。”我对花生说：“你真是个‘小暖男’！”

以后的日子里，花生帽子的秘密已不再是秘密了，对此，我感到格外开心，并格外珍惜。因为在帮助花生的过程中，我学会了用爱心、耐心、细心、责任心去关心、尊重每一个孩子，并化身为“挖掘者”，寻找他的优点，将爱心、耐心铸成一把钥匙，建立起他的自信，打开他心灵的窗户。我很幸运我能成为一名幼儿教师，在和孩子相处的过程中，我感觉很幸福，并且这种感觉越来越强烈。在帮助孩子们的过程中，我也收获了一份礼物：一种重新审视教师、解读教师角色的方式。就像我们园所文化所倡导的那样，我们要尊重规律、协和共育，做支持者、合作者、引导者，与孩子建立信任的关系，为孩子建构一种和谐的教育生态。

逸逸的分离焦虑

姜　楠

每个孩子都是一朵花，但是花期都不同，有的一开始就会灿烂地绽放，有的需要漫长的等待。作为教育者，我们需要做的就是尊重孩子，静待花开。

开学初，小班的孩子们常常出现分离焦虑的现象，而且他们的分离焦虑表现各不相同，有的大哭大闹，有的默不作声，有的起初不哭却后来大哭。在这些有分离焦虑的孩子们中，逸逸的分离焦虑表现格外不同。他个子高高的，年龄也是班里较大的，来到幼儿园第一天，他的表现真让我惊讶。他不像其他孩子那样哭得撕心裂肺，而是默默地流眼泪，使劲要往教室外跑，因为担心他的安全，我只好暂时把门从里面锁上。但是我的举动似乎激怒了他，他变得十分气愤，对着门又踢又拽。我蹲在他身边想去抱抱他，他用力地将我推开；我想和他聊聊天，他却一言不发，面无表情地看着我；我想请他到活动室玩玩具，他就开始拉着门把手用力地晃动着；最后我只好静静地陪在他身边。就这样，我们一直在门口待了两个小时，而我们的关系似乎处于“对立”中。

后面的一段时间里，逸逸的表现不再像第一天那么强烈了。虽然还是会默默地哭，但他会拿着玩具独自玩耍，只是一整天都不怎么说话。我经常在或远或近的地方悄悄地观察他，发现他的自理能力和动手能力特别强。对于这个发现，我很开心，因为这

是一个与他建立紧密关系，使他尽快适应这里非常好的切入点。于是，在每次区域点评时，我都会拿着他的作品进行细致的讲解，并伸出大拇指鼓励他；在生活环节上，我也引导他帮助别的孩子穿脱衣服，每次他都默默地帮助他人后又默默地离开。尽管他仍然表现得不合群、不适应这里，但他愿意配合我已经是很大的进步了。因此，每次我都会开心地跑到他身边，给他一个大大的拥抱，并悄悄地在他耳边说："你真棒！"慢慢地他会在得到表扬和夸奖后露出一丝浅浅的笑意，不再如之前那般毫无回应。得到了逸逸的笑容，我明白他开始接受我了，我们的关系开始建立起来。

但此时，我并不知道逸逸喜欢我，直到一天下班路上，我正好遇到逸逸和他的妈妈，我热情地上前和逸逸打招呼，他却迅速地躲到妈妈身后。这时他的妈妈对他说："你不是就在这儿等姜老师吗，不是说要把这个送给姜老师吗？"逸逸妈妈一边说一边从包里掏出一袋孩子的小零食。听了逸逸妈妈的话，我开心地对他说："谢谢逸逸，老师很开心，不过好吃的还是留给你吧。" 说完我便赶快离开了，因为我明显感觉到逸逸很紧张，为了使他不那么紧张，我选择了离开。但离开后的我很高兴，因为我感受到了逸逸对我的喜欢，我们的关系又近了一步。

又过了一段时间，在幼儿园里，逸逸开始有了自己的好朋友，也渐渐开始主动与老师聊天。每次只要他主动来找我聊天，我就会放下手中的工作，认真地倾听，他常和我分享的是他的妈妈带他去的地方、坐的车、看到的东西等。在聊天中，我突然发现他的语言表达能力很强，于是在点名游戏及教育活动中我开始有意识地引导他、鼓励他，每次他都能声音洪亮地清楚表达。

一天区域活动时，逸逸兴奋地拉着我，手舞足蹈地讲周末妈妈带他去玩抓娃娃机的经过。讲完，他还邀请我和他一起玩抓娃娃机的游戏，他扮演抓娃娃机，我来操作。在他细致地向我介绍了游戏规则，又用小胳膊和小手演示了抓娃娃的小抓手是怎么工作的之后，我们便开始了游戏。游戏中他一边讲解，一边根据我的操作晃动着小手做出反应："哎呀，失败了，再玩一次吧。"在游戏里，逸逸笑得很开心，这是第一次我看到他这么放松地和我聊天、游戏，也是第一次他向我完全敞开心扉。此刻，我明白我和逸逸的关系已有了紧密的联结。

而且，通过在两百多个日子里与逸逸及其他孩子的相处，我懂得了在与孩子们建立紧密关系的过程中，最重要的是观察和倾听。观察，会让我们发现孩子的优势和才能，并有效地利用它们来促进孩子的发展；倾听，使我们走近孩子的内心，将我们的关系紧密联结。如此，我们便静待花开，实现了我们促进孩子全面发展、快乐成长的教育目标。

动听的“嗯”

宋利利

苏联教育家苏霍姆林斯基说：“有爱的教育，才是真正的教育。”刚进入幼儿园的孩子，离开了熟悉的家，离开了依赖的爸爸、妈妈，来到一个陌生的环境，心里满是紧张、焦虑与不安，此时的他们，特别需要老师用爱与理解建立起一个温馨、安全的环境。

在我们班有个白白净净的小姑娘叫依依，她乖巧懂事，说话的声音小小的，吃饭慢慢的，平时也不喜爱参加体育运动，总是一个人静静地待着。我隐约还记得她刚来时的样子：怯怯的，眼里含着泪。我拉着她的小手把她领进教室，温柔地抱着她，带她读故事、做游戏，渐渐地，她的脸上露出了天真快乐的笑容。看到她的笑容，我不禁暗自庆幸：初战告捷。

然而，我的庆幸似乎来得过早，事情并没有像我想象的那样顺利，问题很快来了。一天早上，依依的姥姥很认真地告诉我：“老师，依依吃饭能吃多少是多少，她吃不完就算了。”我很疑惑地问：“别人都愿意自己家的宝贝多吃点儿饭菜，您这是……”面对我的疑惑，依依姥姥耐心地向我解释道：“依依一直有大便干燥的问题，现在已经三天没有大便了。”我恍然大悟，赶紧告诉依依姥姥：“我会注意的，一会儿就提醒孩子多喝水，请您放心。”得到我的回答后，依依姥姥走了，但我却陷入了自我反思中，之前我只想着让孩子们把饭菜吃完，却忽略了关注她们的个人差异。而且，仔细回想，依依的确没有在幼儿园里大便过，显然这是我们的疏忽，之后我需要格外注意这一点。

于是，我开始更加关注依依，并努力帮助依依，和家长一起鼓励她多吃蔬菜，多喝白开水，但依依几天来始终没有在幼儿园里大便，直到一次意外的发生。这一天，我意外地听到依依在班里的厕所哭，嘴里还喊着疼。我以为她受伤了，赶紧冲进去，原来她只是想大便了，却大便不出来，屁股很疼，所以哭了起来。明白情况后我蹲在了依依身旁，扶着她蹲了一会儿，就让她坐到我腿上，帮她揉揉小屁股和肚子，安慰她，并鼓励她再次尝试。这一次，我在旁边拉着依依的手，同时我的嘴里还发出用力的长音“嗯——”。受我的影响，依依也同样发出“嗯”的使劲声，连续几次“嗯”后，依依的眼睛都泛红了。但她并没有表现出任何负面的情绪，我继续鼓励她，冲她点点头。伴着更用力的“嗯”声，一声沉闷的“咚”发来了成功的信号。我俩相视一笑，我说“继续”。接下来，她的“嗯”声变得轻松了很多，“咚、咚、咚”的声音接连而来。“哇！依依的大便会唱歌，咚、咚、咚、咚！”我有节奏地把大便的声音唱了出来，依依听了轻松地笑了。终于，依依在幼儿园完成了她的第一次排便。回家后依依把在幼儿园大便的故事告诉了家人，还特别开心地把那首大便的歌唱给家人听。从那以后，依依再也不害怕在幼儿园排便了，家长对我园的教育也更加信任了。

通过依依的故事，我们可以发现，其实每个孩子内心都有一个杯子，需要我们蓄满爱与关怀。当我们向杯子里注入爱与关怀时，我们就与孩子们建立起了紧密的联结，使他们的内心充满安全感，而有安全感的孩子会合作、自信、灵活。就像依依一样，当我们将爱传递给她时，她获得了安全感，便开始合作，使问题最终得以解决。因此，作为教师，我们最重要的任务之一，就是不断去蓄满爱之杯，从我们顺和幼儿园的文化出发，用尊重、理解和包容去了解孩子的个性差异和需求，用爱助力他们快乐成长。

“小豹子”变成了“小暖男”

田丽娟

学前儿童的行为充满着情绪色彩，有人认为孩子是“情绪的俘虏”，其实，在孩子成长和心理发展的过程中，情绪情感对他们的行为有着重要影响。而且，培养孩子积极的情绪情感对他们的意识发展、个性形成、同伴交往有着激发、促进的作用。在平常工作中，我就常常关注孩子们的情绪情感，更和孩子之间发生了许多美妙的故事。

刚接手中二班的第一天，我就被“小豹子”震惊了。虽然在接班前，小班的老师已经把班上孩子的特点向我做了一些介绍，之前我也经常看到“小豹子”在操场上因为某件小事哭闹不止，对于他的情况早有心理准备，但没想到的是刚升入中班的第一天，他的暴脾气就发作了。他发脾气的理由很简单，只要他想做的事情没有达成，他就会立刻暴跳如雷。

为什么刚升入中班的第一天他就发脾气呢？事情发生在午睡起床时，当温馨的起床音乐响起，所有的孩子在老师的引导下学习叠被子时，“小豹子”睁开两只蒙胧的眼睛，大叫着：“我想回家，我要找爸爸！”边喊他还边把身边的被子往地上扔。看到“小豹子”的情绪如此激动，我试图安慰他，但是一连试了几次我都没办法让他激动的情绪缓解；相反，因为老师的介入他的情绪变本加厉，不仅扔被子、枕头，还把自己的袜子和鞋子都扔掉了。

鉴于“小豹子”的激烈反应，我选择让他自己痛快地发泄，只在一旁默默地注视他。一开始，“小豹子”不停地大喊大叫，但在喊的同时他会用眼睛偷偷看老师，当发现老师在注视他时，他会立刻用尽全身力气哭闹；如果老师没有注视他，他则适时地歇一会儿。发现“小豹子”的这一“小秘密”后，我便有了策略，开始在他的周围做一些其他的事情，以此吸引他的注意力，同时，我也故意装做不理他，让他认为我并不在意他的哭闹。果不其然，我的策略奏效了。过了一会儿，“小豹子”的哭声停止了，他用眼睛好奇地盯着我的一举一动，我装做若无其事的样子在忙活自己的事情。终于，他忍不住叫了我一

声：“老师。”我装做没听见，继续忙活。见我没有回应，他又叫了一次：“田老师。”这次我看向他，问：“怎么了‘小豹子’，你现在想跟我聊天了吗？来吧，过来吧！”说话的同时我向他伸出双手。他走了过来，我顺势抱了一下，然后问他：“你确定不闹脾气了？”他点了点头说：“不闹了。”我问他：“那你说说，刚才是因为什么？我认为你肯定是有原因的。”他说：“我不想叠被子，因为我不会叠。”“不会叠没关系，老师可以教你啊！老师小的时候也不会叠被子，但是我愿意学。来，现在去拿好你的被子，我和你一起叠。”抱来“小豹子”的被子，我们两个合作将被子叠了起来。叠完后我还不忘夸奖他：“哇！你的小手真能干啊！叠得可真好！”他听完后自豪地说：“老师，我聪不聪明？”“太聪明了，比我小时候学得快多了。明天你试着自己叠一次，怎么样？”他答应道：“嗯，我肯定能叠上的。”到了第二天午睡起床，他遵守承诺，没有发脾气，而是认真叠被子，虽然开始时叠得不够熟练，但是过程中却以足够的耐心坚持完成，在我看来，这便是不错的进步了！

接下来的几天，“小豹子”没有再因为叠被子而闹脾气，但因为其他各种各样的小事情他又爆发了一场场“战争”。例如，某个孩子碰了他的玩具，收区音乐响起了但他还没有玩够，碰到不喜欢吃的饭菜等，每次遇到类似这样的状况他都会发脾气。对此，我的处理方式就是在他发脾气的时候给他空间，但考虑到他有时候会扔东西，为保证他的安全，我尽量不让他接触到容易受伤的物品，并且告诉他：“今天你可以发脾气，老师允许你发脾气，你看上次你生气一共用了一个半小时，今天老师可以给你一个小时的时间让你发脾气。”他听完后，马上说：“我不要。”

尽管口中说着不要，但这次“小豹子”的脾气仅用了五分钟就过去了。我走过去问他：“你不生气了？”他摇了摇头，我继续问：“那你说说你这次为什么发脾气？”他说：“小段把我刚才拼的玩具碰坏了，他太不听话了。”“哦，原来是这样，确实小段做得不对。但我认为发脾气不是很好的解决办法，你有没有更好的办法呢？”听到我对他的话的认可，“小豹子”不再反驳，而是沉默下来，开始思考。但由于没有相关经验，“小豹子”并不知道正确的做法。见此，我建议道：“你可以跟他好好说，让他帮你将玩具拼回去，也可以找老师帮忙。”听了我的话，“小豹子”用力地点了点头。恰巧这时，小段走过来说：“‘小豹子’，我们一起拼玩具吧！”收到小段的邀请，“小豹子”高高兴兴地和他去玩了。经过多次的引导后，“小豹子”发脾气的次数越来越少了，不仅如此，他还学会了和同伴分享自己的玩具，也和小段成了最要好的朋友，甚至在幼儿园的表现开始发生转变。

以前，“小豹子”早上来园总是让爸爸抱着送到班上，渐渐地他愿意主动跟随我一起回班了，而且在回班的路上，他会主动牵着我的手，还会和我聊一些他感兴趣的话题。原来从不主动打招呼的他，现在每天早上来园时会主动走到我的身边说一声：“田老师，早上好！” 更让我意外的是，一次户外活动

回来，我组织班上的孩子们喝水，“小豹子”看了我一眼，转身走了。当他再次走到我身边时，手里竟端着我的水杯，还接满了水。我一下感动极了，蹲下身去，接过水杯，张开双臂给了“小豹子”一个热情的拥抱。

在放寒假的前一天，我们班的小卿由于父母工作的原因需要转园。这一天，小卿的妈妈要出差去外地，小卿知道这是自己在幼儿园的最后一天了，就哭着不让妈妈走，想让妈妈陪着他。见此，“小豹子”走过去安慰小卿说：“小卿，你别哭了，虽然我们每个人都有想妈妈的时候，但是现在不是哭的时候！”小卿哭着说：“可是我不想让妈妈走！”“小豹子”说：“我妈妈上班的时候我也想妈妈，但是我会在心里想。”说完，他领着小卿去盥洗室洗手了。看到这温馨的一幕，我的眼睛湿润了，“暴躁”的“小豹子”成功变成“小暖男”了。

从“小豹子”的转变上，我们可以更深体会到：每个孩子都是一个独立的个体。作为教师，我们需要多观察、亲近、帮助、引导孩子，当孩子因不擅长、一些挫败或不懂得社交的方法而表现得有点儿“糟糕”的时候，责备并不是解决方法。我们需要在情感上加以关心，如我们园训所提倡的一样，用包容之心尊重孩子的个性，给孩子时间去发泄自己的情绪，然后发掘他如此行为背后的原因并加以耐心引导，这样孩子才能学会控制情绪，得到良好的情感体验，形成自信、开朗的性格。

老师，我闻你了！

杨宏宇

高尔基说："谁不爱孩子，孩子就不爱他，只有爱孩子的人，才能教育孩子。"对于幼儿园教师来说，爱尤为重要，甚至比渊博的知识更为重要。面对天真烂漫的孩子，我们需要倾注爱，而且这种爱，不仅是关心、呵护孩子，还是接纳、尊重、理解孩子。

在我们班，有一段时间，一菲总是用鼻子在我们四个老师身上闻，然后高兴地说："老师，我闻你了！""老师，我是闻着你的味儿过来的。"起初看到一菲的举动，我觉得好笑，但随着她这种举动的频繁出现，我开始有些担忧，想弄清楚她这举动背后的原因。在一次晨间活动的过渡环节，我找到一菲跟她聊天，通过逐步的交流，我慢慢地打开了一菲的心扉，一菲也对我更加信任了。从和一菲聊天中，我了解到，一菲的妈妈平时上班比较忙，陪伴她的时间很少，她上幼儿园，妈妈上班；她回家了，妈妈还没有下班；大部分时间都

是爸爸陪她、送她。回想过去与一菲家长的接触，确实，在这半年中我一直没见过一菲妈妈，每次都是一菲爸爸接送。而一菲之所以每天闻我们，是因为她想妈妈了。

明白了一菲闻我们背后的原因后，我便想寻机帮助一菲。事情的转机来自一天早上，那天非常意外，是一菲妈妈送一菲来幼儿园。对此我既惊讶又惊喜，忍不住和一菲妈妈开玩笑说："今天终于见到您来送孩子了！"许是我的玩笑让一菲妈妈有点儿不好意思，她便和我聊了起来。在聊天的过程中，我和一菲妈妈说起了一菲的举动，话还没说完，一菲妈妈的眼眶就红了，看到一菲妈妈眼眶红的样子，我的心里酸酸的。我也有孩子，我也是个妈妈，推己及人，我理解一菲妈妈是因为爱孩子，对孩子有所亏欠而红了眼眶。平静情绪后，一菲妈妈告诉我，她工作十分忙，每天很晚才下班，回到家一菲已经睡了；周六日放假，他们则更忙，有时甚至还把孩子一个人锁在家里。听到这些，我没有再多说什么，只是嘱咐一菲妈妈："尽量抽出时间陪陪孩子，孩子很快就长大了，能陪伴的时间就这几年。"

之后，想起一菲妈妈的话和她红了的眼眶，又看到那个内心渴望爱的小女孩儿，我的心里常泛起一阵阵酸楚与心疼，忍不住想要给一菲更多的爱。于是，我每天都抱抱一菲，就像抱我自己的孩子那样，并告诉她："我第一个喜欢的孩子就是一菲。"

直到现在，一菲依然保持闻的举动，闻完后她依然会对我说："老师，我又闻你了！""我是闻着你的味儿过来的。"每次，我什么也不说，只是摸摸她的头，抱抱她、轻轻拍拍她的后背。有人说："陪伴是最长情的告白。"在之后的道路上，我愿陪伴一菲，愿她能感受我们的爱，带着爱一路前行。同时，我也很感谢一菲，感谢她对我的信任和带给我的快乐与感动。

《3～6岁儿童学习与发展指南》中指出："主动亲近和关心幼儿，经常和他一起游戏或活动，让幼儿感受到与成人交往的快乐，建立亲密的亲子关系和师生关系。"在顺和幼儿园，我们的教育理念也倡导要建立一种心灵相通、人际愉悦的师幼关系。确实，要引导、教育孩子就要与孩子建立关系，为此，我愿意付出爱去赢得孩子们的心；我愿意默默陪伴，走进他们的内心；我愿意如阳光、水滴般照耀、滋润他们，只希望他们健康、快乐、茁壮成长。

午睡三步曲

张 晨

分离焦虑是刚入园的小班孩子需要渡过的难关，因为刚入园的他们有的不适应陌生的环境、老师，有的不适应吃饭，有的不适应自己做事……

新学期来了，我们班迎来了一个聪明、帅气的小男孩，他叫哲哲。因为极度缺乏安全感，即使开学两个星期了，其他孩子已经能逐步适应幼儿园了，他还始终不能适应，特别头疼的是他拒绝午睡。目睹他连续一个星期在每天午饭后被接走，而其他孩子已经慢慢习惯午睡的状况后，我决定先与哲哲的家长细致地聊一聊。经过两个小时的面谈，我发现哲哲的爸爸、妈妈给哲哲创造了非常自主的环境，在家里他们有什么事都会和哲哲商量，然后做约定，约定好后他们都严格执行。这是一个不错的切入点，经反复推敲后，我决定分三步走来帮助哲哲适应午睡。

第一步：缓和情绪，坐小床听故事

利用哲哲对父母的依恋和信任，事先我请哲哲妈妈和哲哲约定，让哲哲坐在小床上等妈妈，妈妈准时12点半来接孩子。午睡时间到了，哲哲坐在椅子上一动不动，我等其他孩子都上床并播放好故事后，走到他的身边说："哲哲，我听妈妈说了，你昨天很棒，和妈妈约定坐在小床上等妈妈，是吗？"他看看我，没有回答，我拉起他的手说："走，老师陪你一起去找找你的小床吧。"听了我的话，他迟疑了，想了想说："老师，我想挨着你坐。"我笑着回答："可以啊，我好想看看你的小床，而且你答应妈妈坐床上等了，老师和你一起坐在小床上等妈妈，行吗？"他低着头想了想，答道："好吧！"

到了睡眠室，他直接走到一张小床前说："这是我的照片，这是我的床。"然后他又指着被子上的名字签说："这是我妈妈缝上的。"我竖起大拇指道："你妈妈的手真巧，缝得很结实。"他一听笑了，见他逐渐敞开心扉，我趁热打铁道："我能坐在你的小床上和你一起听故事吗？"这次他很爽快地同意了，小声地和我聊着在家他妈妈陪他玩的游戏，聊完游戏后，我们又听了故事，但听了一小会儿他就着急了，红着眼圈问我："张老师，我妈妈怎么还没来呀？"我抱着他说："你妈妈说了，她今天一定会早点儿来接你回家，老师抱抱你，陪你一起等行吗？"他"嗯"了一声，我抱起他，轻轻抚着他的后背，他的情绪慢慢稳定下来。哲哲妈妈十分配合，准时来接了他，我告知了哲哲的表现，妈妈听了一直夸他。

第二步：尝试午睡，哄小熊睡觉

经过三天的等待，哲哲已经能坐在床上了。我又一次和妈妈商量，延长时间接孩子，先13点，再13点半，同时引导哲哲躺下来听故事等妈妈。

第一天，哲哲像往常一样坐好听故事，过了15分钟后，我走到哲哲身边说悄悄话："宝贝，老坐着好累，要不躺着等妈妈吧，这样就不累了。"哲哲说："可是老师我还不累呢，我妈妈什么时候来接我？"我点点头："等妈妈打电话，我立刻叫你。"又过了10分钟，我提示他："宝贝，你坐了好久了，要是躺着等妈妈会更舒服的。"哲哲没有回应，我再接再厉，拿出一只小熊向他问道："你能帮老师一个忙吗？小熊想要睡觉，但是没有人陪它，你哄它睡觉行吗？"这回他同意了："行，老师，我陪它睡觉，等妈妈来了我就不陪它了。"我笑着给他盖好被子："好的，谢谢你，小熊很高兴。"13点时，哲哲妈妈准时来了，我告诉她孩子的表现，她很高兴。

见小熊起到了效果，私下里我和哲哲妈妈商量第二天13点半再来接，观察哲哲是否可以睡着，哲哲妈妈同意了。第二天，哲哲坚持听了三个故事，我依然采用哄小熊睡觉的方法，哲哲不再抗拒，躺在了床上。然后，哲哲听着故事就开始犯困了，他的眼皮慢慢合上，再睁开，过了几分钟又合上，反复几次后，哲哲睡着了。等到13点半哲哲妈妈准时来接时，我奖励了哲哲一个大贴贴，对此，哲哲妈妈很惊喜，不断地表扬他。

接连几天，同样用哄小熊睡觉的方法，哲哲在静静地睁着眼睛坚持40分钟后睡着了，一直到下午起床的铃声响起，哲哲都安稳地睡着。但一睁开眼睛，哲哲发现妈妈还没来，就不高兴了，咧开小嘴要掉眼泪，我赶紧安慰道："宝贝，你妈妈来电话了，来接你了。"他一听赶紧下床，穿好鞋子。等到妈妈来接的时候，我当着妈妈的面夸奖哲哲道："宝贝，你今天又把小熊哄睡着了，自己睡得也很好，真棒！老师要奖励你一个超大贴贴。"我说完，哲哲妈妈也赶紧夸他，最后哲哲高兴地回家了。

之所以小熊能使哲哲成功入睡，在于此时的哲哲正处于具体形象思维阶段，他的思维具有“拟人性”的特点，他的情感投射在小熊身上，对小熊有同情心与责任感，因此，他愿意哄小熊睡觉，从而间接放松自己，进入睡眠。

第三步：适应午睡，习惯午睡

看着哲哲可以睡着了，我尝试加紧脚步，请哲哲妈妈起床后再来接哲哲，哲哲妈妈同意了并很期待孩子的表现。

然而，第一天就出师不利，因为小熊哄睡的方法不管用了，聪明的哲哲和我商量：“老师，我不想哄小熊了，我能一直坐在床上等妈妈吗？”我点点头：“可以不哄小熊了，小熊长大了，能自己睡觉。不过你之前和妈妈说好了，躺在床上等，现在又不想了，这可是说话不算话哦，妈妈很希望你躺着等她的。”哲哲不愿意，我又接着说：“你可以继续坐着听故事，这个故事放完了，再躺下等可以吗？”这回他同意了，在他听完三个故事后，我在他耳边悄悄说：“宝贝，你是不是该躺下了？”他慢慢转过身躺好，我赶紧夸他：“你真棒，答应老师的事情你做到了。”

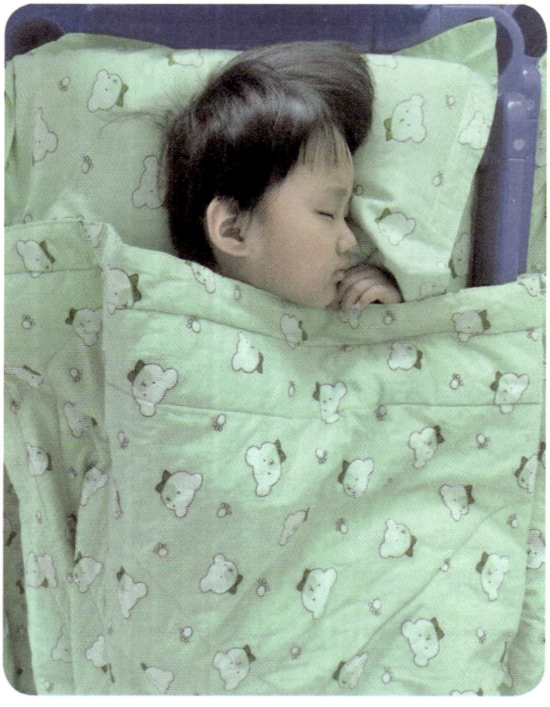

随着天气逐渐转冷，我想慢慢减少哲哲坐的时间。第二天我和哲哲约定只听完两个故事就躺下，哲哲答应了。第三天我和他商量改成听一个故事后躺下，哲哲也同意了。就这样，我利用“约定”的作用，先帮助哲哲习惯坐一会儿就躺下睡觉的模式，然后逐渐减少坐的时间，最后让他适应了午睡，并第一个上床睡觉。

从帮助哲哲午睡的过程中，我们不难发现哲哲是一个自我意识很强的孩子，最经常说的就是“老师，我能！”做任何事情前他都需要商量，并总希望按照“计划”行事，遵循他的“秩序”。面对他的“秩序”，我没有直接说不，只是遵循我们坚持的教育方法，协和共育，尊重并理解他的需求，寻求以他可以接受的方式来引导他，缓冲了他在幼儿园午睡的压力，使他逐步适应，接受午睡。其实，这样的方式就是尊重孩子个性的表现，从哲哲的经历中，我们证明了一点，合理地利用“个性”会有良好的教育效果。

幸福的一天

张雪征

2019年12月25日，这一天是我从教以来最幸福的一天。这一天我收到了自己职业生涯中第一份由毕业生送来的圣诞贺卡。贺卡虽小，但承载了她对我的爱，承载了我与她之间真实的师生情，让我真正体会到作为一名幼儿教师的幸福。

她是谁呢？她叫佳讯，我和她的故事不多，却真实存在着，每一件都让我记忆犹新。有人说，“记忆里不能磨灭的东西一定有它的价值”。我想我和佳讯一起的记忆价值，大概就是让我每每想起都会内心更加充实并更坚定自己的教育梦想！回想和佳讯一起的过往，我的记忆回到了最初相见时。

爱哭的佳讯

2016年9月1日，我被分到中三班任班组长。第一次接触小可爱们，我的心中充满欣喜和彷徨。在这之前，园长妈妈告诉我这个班的孩子非常聪明伶俐，但也很好动、个体差异较大。带着对孩子们的好奇与憧憬，我开始接触班里的每个孩子，可能由于之前有过特教工作经历的缘故，对班级那几个淘气包我并没有伤神费力。相反，引起我注意的却是身材瘦弱并总是孤身一人、安静如水的佳讯。在相处一个多月后，我发现佳讯是一个非常特别的孩子，不管班上哪位老师叫到她的名字，她的第一反应总是站在原地默默流泪，许久不能平复，好像犯了错被严厉批评了似的。更甚的是，有时老师无意中的一个眼神也能让她流泪很久，这让我十分费解。在和原班级老师沟通后，我得知佳讯在小班时因为身体原因总是阶段性地上学，与老师和其他孩子缺乏交往经验，以至于现在上中班了，她的社交方面仍存在问题，并表现得愈发明显了。

出于对佳讯的担心，我决定和佳讯的父母交流一下。10月第三周的一天放学后，我将佳讯妈妈留下来，深谈了一个小时。在我表达了自己对佳讯的观察和了解后，佳讯妈妈感受到了我对孩子的关心，便敞开心扉跟我聊了她家里的很多情况，包括佳讯爸爸经常出差，一走就是两个多月，家里做生意很忙，

平时都是姥姥带孩子等。针对他们的问题，我向佳讯妈妈提出了一些具体可行的措施。例如，只要佳讯爸爸在家，一定让他陪伴孩子；外出社交尽量带着孩子；每天全心和孩子聊天20分钟等。

也许是那次的交谈起了作用，后来的亲子活动，每次我都能看到佳讯爸爸、妈妈的身影。佳讯也在悄悄地发生变化，不再一叫名字就哭了，即使哭也逐渐开始有自控意识，有时她还主动找我说话，告诉我妈妈给她报了钢琴班，她学了拉丁舞等。随着和大家的交往逐渐增多，佳讯脸上的笑容也多了起来，身影不再孤单。也不知从何时起，我和佳讯成了无话不谈的好朋友，她经常会在过渡环节悄悄跑到我身边告诉我："张老师，我会弹《小星星》啦！""张老师，我爸爸管我叫学霸，哈哈哈……"当然，在这过程中我一直保持每周与佳讯妈妈沟通一次她近期的情况，每次佳讯妈妈都会为孩子的进步感到惊喜和欣慰，对我们表示非常感谢，并将这种感谢化为行动。

在寒假前的一天放学后，我正在教室打扫卫生，见佳讯妈妈站在门口。我赶忙放下墩布说："佳讯妈妈，刚刚姥姥把孩子接走了。"妈妈笑着说："张老师，我知道，我是专门来找您的。这是我们家工厂自己做的羊绒毛衣，给您和班级老师每人拿了一件，你们试试，如果不合适我给你们换一下。"说完她就把手提袋往我手里推，然后转身就走。我拿着手提袋追到楼梯口，递给佳讯妈妈说："佳讯妈妈，我明白您的心意，我们心领了，您也别为难我们了。"佳讯妈妈不情愿地接过袋子又推向我说："老师们对我们孩子的用心，我和孩子爸爸都深有体会，孩子有了这么大的进步都是你们的功劳，这只是我们的心意，没花钱……""孩子有进步也有您和孩子爸爸的功劳，我们只是尽到自己的责任而已。您回去吧！我们会一如既往地关注孩子的。"说完我转身回班。佳讯妈妈欲言又止，见我立场坚定也没再坚持。

其实，关注每个孩子的成长，做好家园共育工作，建设一个家园和谐、师幼共生的成长共同体就是我们的办园目标。我并没有觉得自己多做了什么，但家长对我工作的肯定让我对自己的职业有了价值感与成就感，对工作更有了动力。

学霸小助理

上大班后，由于园内需要，我被调到另一个班，因此和佳讯分开了。但是，每当我们在楼道相遇时她都会对我微笑，我们心照不宣，都明白各自的心意。

曾经以为就这样，我和佳讯再也没有待在一起的机会了。然而在一次公开课准备的过程中，我需要隔壁班的几个孩子和我制作教具，佳讯主动要求加入，这让我们有了再在一起的机会。由于工作量比较大，我要背教案、故事，还要带着孩子们一起制作材料。佳讯见我手忙脚乱，笑着说："张老师，我看你这么忙，我想到一个办法，可以帮助你。""什么办法？""就是我在旁边给您念教案，您可以一边听一边记，我妈妈给我讲故事时我听完几遍就能记住了。""好啊，但你认识字吗？"佳讯自信地回答："您忘了吗？我爸爸叫我学霸，我现在都能认识2000多字啦！"说完，她拿过我手中的材料，站在旁边一字一字地念了起来。看着如此贴心又认真的佳讯，我心中充满幸福的滋味。那一次，我也真正见识到了"学霸"的厉害，3000字的教案与材料，佳讯一字不落、顺畅地给我念了三遍。教具做完后，佳讯还恋恋不舍，我看出了她的心思，便让她又多陪我待了一会儿。在这期间，我出去找东西，回来后佳讯神秘地看着我说："张老师，刚才有人找你，电话一直在响，应该有急事。""你帮我接了吗？""没有。""你怎么知道有急事？""因为电话一直在响，可是我又不想接，我不喜欢这个铃声。""那你是怎么做的？""我在电话不响的那一瞬间，把电话话筒拿下来放在旁边，后来就不响了！"我一看果然如此。说完她还笑着说："告诉你，这一招是我从《家有儿女》电视剧里学到的。当夏东海和刘梅在家想两个人一起不被打扰时就是这样做的！"瞬间，我就领悟了她的意思，我们相视而笑。我懂得她想与我单独相处的渴望，她知道我理解她调皮行为的目的，我们就这样享受了一次难得的"二人世界"！

老师，怎么回去呢？

大班下学期并班，我和佳讯又在一起了，我们之间也有了更紧密的联结。

在4月的一天，我们中大班的孩子在仁和公园开展了"小脚丫走家乡，远足踏青"活动。孩子们唱着歌、挥着手徒步走了3.2千米到达公园，进行了2个小时的"找春天"活动。在孩子们就像被释放的小鸟一样叽叽喳喳地又说又笑、又蹦又跳中，活动很快结束，转眼到了放学点，家长们陆续来接孩子。距离放学点大约半小时过去了，此时班里还剩最后两个孩子，我们正商量着要给家长打电话，突然，佳讯爸爸跑过来喘着气问："老师，你们怎么走呀？"意外佳讯爸爸的问话，我们四位老师愣在了那里。接着佳讯爸爸又说："我们等等你们吧，咱们一起回去。""谢谢您！早上我把车停在附近的小区了，我们自己回去吧！”同班杨老师急忙回道。“刚才我们都开出公园了，佳讯问我‘我们老师怎么回去呀？’我这才想起来，过来问问你们。”佳讯爸爸不好意思地解释说。听了佳讯爸爸的话，我们四位老师被感动得一塌糊涂。瞬间我的眼眶就泛红了，泪水一涌而出。没想到平日里最不惹人注意的佳讯，竟能在大家都忽略我们时想起忙碌的我们。那一刻我深刻体会到德国哲学家雅斯贝尔斯那句教育名言：“教育的本质是一棵树摇动另一棵树，一朵云推动另一朵云，一个灵魂唤醒另一个灵魂。”原来，我们早已悄然、潜移默化地影响了佳讯，佳讯用她的行动告诉了我们这一点。回去的路上，我们谈论的话题都是与佳讯有关的。自那以后，佳讯成为我们教育行为的镜子，我们常用佳讯的事来提醒自己去审视我们的教育教学工作，并以此激励、监督自己。

圣诞节的惊喜

2019年12月25日，这一天是我从教以来感到最幸福的一天。

那天下午放学后，我突然收到佳讯妈妈的电话，说佳讯一会儿想给幼儿园老师送贺卡，让我在幼儿园等一会儿她（她家住在幼儿园附近）。接完电话后，我站在寒冷的大门口，开始忐忑地等待。这种忐忑并不是不安，而是来自对孩子在路上安全问题的担心，毕竟孩子要独自过来。正担心着，一个小小的身影从远处走来，定睛一看，是佳讯。才走到门口，佳讯就开口道：“张老师，您好！这是我送给您的贺卡！上面的字都是我自己写的！”我接过贺卡，顺势搂过她说：“谢谢你！谢谢你还记得我！我

好高兴！”接着她让我带她去给其他老师送贺卡，过程中，我帮她拍了很多照片。下班后，佳讯又和我聊了半个多小时她的小学生活，她告诉我：小学老师很严厉，作业很多，弟弟太淘气，她每天要在妈妈下班前完成很多事，她会弹很多曲子……而我则带着她参观了刚刚准备好的“庙不可言”庙会会场。她激动地告诉我：“还是幼儿园好，幼儿园的环境真漂亮。”下楼时她帮我拿包，拿到手里她笑着说：“怎么这么轻呀，比我的书包轻好多好多。”我打趣地说：“那是因为今天我装的书少。”

曾经，我设想过若干年后在路上遇到自己的学生，可能会被当做路人，甚至擦肩而不识的窘境，毕竟幼儿园的孩子实在太小，待他们长大时，我们的存在早已在他们的记忆世界里被隐藏或遗忘。但佳讯的贺卡给了我意外的惊喜，让我感受到作为一名幼儿教师的无与伦比的幸福，更让我相信，爱会真正传递下去。

一瓶花露水

张 倩

作为一名保健医，无论春秋冬夏，每天从早晨入园开始一直到入园结束，我都始终坚守在保证孩子们健康入园的第一道关卡上，微笑着向每个孩子问好，询问他们的身体情况。因此，尽管我并未如教师般与孩子们朝夕相处，但我和孩子们之间仍然建立起了情感的联结。

夏天来了，植物开始茂盛，蚊虫也变得活跃起来，晨检时常有蚊子在身旁嗡嗡嗡地飞来飞去，即使在身上喷洒了驱蚊药，还是抵挡不过蚊子的热情，非要在你身上“亲一口”才罢休。一天晨检时，我被蚊子亲了好几口，胳膊、腿上有好几个大包，我忍不住痒用手抓了几下，马上肿得很红很大。恰巧这时洋洋入园来我身边晨检，看到我的胳膊，他好奇地问：“老师，您胳膊上的大包是蚊子咬的吗？”我说：“是啊，蚊子咬的，很痒。”洋洋说：“老师，那我

明天给您拿花露水来吧，我也被蚊子咬过，我被咬了以后起大包，奶奶就给我喷花露水，抹点儿花露水就好了。”我说：“好啊，谢谢洋洋！”

第二天，我像往常一样，给来园的孩子们做晨间检查。洋洋蹦蹦跳跳地从大门口走了进来，给洋洋检查完后，洋洋向奶奶要来了书包，边打开书包边说：“老师，我拿花露水了，我给您喷喷吧！”话落他拿出了花露水，打开后直接向我昨天被蚊子咬过的地方喷去，同时说道：“喷完了以后就不痒了，包一点儿一点儿就没了。”我说：“谢谢洋洋，洋洋记性还真好，昨天说过给老师拿花露水，今天就拿来了。”见我表扬洋洋，一直在一旁观看洋洋行为的奶奶也高兴地说道：“从昨天说完拿花露水，一直记得，告诉我把花露水放在包里，不能忘了第二天拿去幼儿园。”听完洋洋奶奶的话，感受到洋洋对我的爱，我的心顿时被感动和爱充盈。本以为只是一句玩笑话，洋洋可能因为之后有趣的游戏或被别的事情吸引而逐渐忘记这件事，但惊喜的是，洋洋没有忘记，而是把它当做一个承诺，一件必须完成的事情，真诚且负责地对待它。这对于我来说，无疑是一份珍贵的礼物，让我感受到了这份职业所带来的满满幸福感。

《3～6岁儿童学习与发展指南》中指出：“幼儿在活动过程中表现出的积极态度和良好行为倾向是终身学习与发展所必需的宝贵品质。”在顺和幼儿园，我们培养的孩子就是要具备优良的人格品质，成为一个拥有精神自信、学习主动、待人友善、勇于挑战、身心健康、积极快乐的人。最重要的是，好的教育从言传身教开始，我们对孩子付出爱，而孩子们感受到了，并回馈给我们。我想，这便是最好的言传身教，这便是培养孩子良好品质的最佳方法。

与你结缘

李金蓓

2020年的新年主题活动开始了，幼儿园为庆新年特别策划了具有传统文化特色的庙会。在庙会中我们要进行什么主题活动呢？想到孩子们平时总是喜欢摆弄各种线绳，想要编织彩色的手链，我想孩子们肯定对编制区的编制游戏有浓厚的兴趣，便和他们商量以线绳为主题。经过热烈讨论后，最终我们确定以“中有千千结”为新年活动主题。

随着主题的确定，我们便着手为庙会的最终展示活动开始学习编织，在学习的过程中，每个孩子都可以选择自己喜欢的彩绳进行编织。由于每个孩子的发展程度不同，因此他们学起来的速度也快慢各有不同。对速度快的孩子，我鼓励他们将经验分享给需要帮助的同伴，并指导他们；对速度慢的孩子，我则给予更耐心、更充分的指导。

就在我指导完一个孩子后，突然，兜兜跑过来对我说：“老师，我们一起试试吧，我都已经编了半天了，但还是不太会！”看她着急的样子，我能感受到她内心的沮丧，因此我毫不犹豫地答应下来：“好！现在我们就一起来编。第一步从左边开始，第二步从右边开始，第三步……”过程中，兜兜学习得非常认真，快编完时她说：“老师，这个太难了，编好了，可是开头又忘记了。”于是，我耐心地教她又编了一次。或许是我的耐心感染了她，整个过程中兜兜即使再遇到困难，也依然平静、认真地编着，没有再出现之前着急的状态。

之后，为增进孩子们对编织的兴趣，巩固所学的编织技巧，我们请孩子们将他们的所学教授给家长，并邀请家长和孩子们一起进行手链、项链、中国结等的编织。因为家长的加入与辅助，孩子们获得了前所未有的成就感，对编织燃起了更大的热情。此后，我们可以看到，在区域活动里，在过渡环节时，甚至在家里，孩子们都在编织，而兜兜也是其中一员。因为上次我对她的帮助，她便经常主动和我交流她的进步与作品，在不断努力下，她和别的孩子一样，作品越来越多，也越来越好。

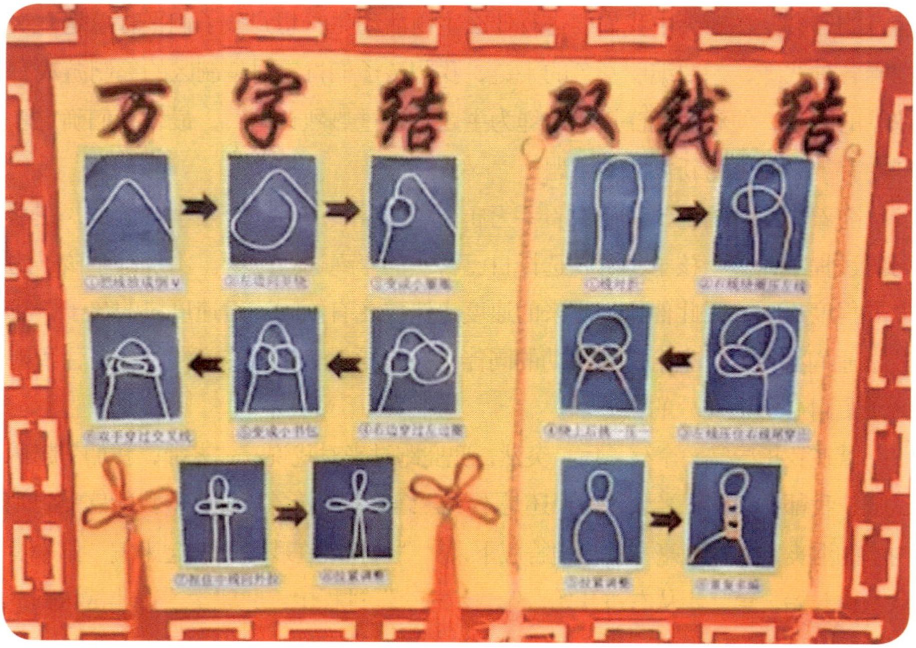

就这样，伴随孩子们的努力，我们终于迎来了庙会。在庙会那天，我们挂上孩子们用五彩缤纷的绳子编织的作品，以及他们从家里带来的编织物品，将我们的场地装饰得光鲜亮丽、美不胜收。在那天，我们除了进行中国结的展示外，我、姜老师和两个孩子（轮流的“小老师”）也在现场分享绳编技艺！在游园时，兜兜来到我们这边，轻轻地坐在我的身边说：“老师，我会编很多东西了。”说着，她动手编了起来。由于全园孩子都在游园，一些孩子前来编织，我需要帮助他们，所以有时候并不能与她有过多交流。尽管如此，我还是能感觉到她在偷偷地看我，想让我更关注她。于是，趁着空闲我回过头看她，并表扬她道：“兜兜编得好认真，而且在这么短的时间内就学会编这么多的东

西，实在太厉害了！”“老师，这是我们一起努力的结果，我认真地练习，爸爸、妈妈也帮助我。”“嗯，特别棒！一步一步慢慢来，不要着急。”最终，兜兜的编织作品成功完成了，她高兴地说：“老师，你看我完成了，送给你当礼物吧！”我微笑着感谢她：“谢谢，你学会了就是送给老师最好的礼物，新年时拿出来挂在家里，大家会特别高兴哦！”

之后，新一波的忙碌又开始了，源源不断的孩子前来这里学习编织，和我们一起感受传统文化的魅力。很快，在欢快的氛围中庙会就要临近尾声了。此时，领了冰糖葫芦的兜兜再次跑到我身边，对我说：“李老师，兜兜喜欢你，我们要系在一起，像绳结那样。这个冰糖葫芦送给你吃！”听到她暖心的话语，我的心中洋溢着无法形容的感动与幸福！

现在，关于庙会、关于编织绳结的活动已经告一段落了，虽然这次活动并不轰轰烈烈，也不惊天动地，却使我回味无穷。究其原因，我想，一方面在于我们举办的庙会，突出的是中华传统文化的精华所在，并将传统文化教育贯穿孩子培养的全过程，运用传统文化独特的美吸引孩子，使孩子可以专注、持久甚至“着魔”地去编织；另一方面在于我能充分理解和尊重孩子发展进程中的个别差异，给予孩子及时的支持，并以此为媒介，连通我和孩子的情感，使我和孩子的关系得到更紧密的联结，就此结下深深的缘。

第六章 团队和

团队和，是团队间的合作协调、和爱温暖、和善相待、和睦相处，有党建的带动、团建的感动，更有个人的自发自动及大家的应急共动，大家相互学习、彼此包容。在顺和幼儿园，我们在顺情、顺理、和爱、和谐的管理文化下，追求包容之心，积极之态，创新之能；追求和谐之风，进取之势，至善之果。当诺如病毒、新型冠状病毒来袭时，我们一起应急共动、合作协调。在党建的带动下，我们打造有“温度”的党支部；规范支部管理，提高组织活力；关注家长、尊重孩子，带领党员、教师积极思考与行动。大家相互学习、彼此包容，爱护“新生”，共建奋斗、爱“玩”、有爱的团队。

一幅树叶贴画引发的行动和思考

陈桂华

《幼儿园工作规程》中明确指出：“幼儿园应当充分利用家庭和社区的有利条件，丰富和拓展幼儿园的教育资源。”“幼儿园应当主动与幼儿家庭沟通合作，为家长提供科学育儿宣传指导，帮助家长创设良好的家庭教育环境，共同担负教育幼儿的任务。”我园重视家园共育工作，每学期按计划开展内容丰富、形式多样的亲子节日主题活动，如森林公园亲子越野活动、“梦幻军旅行上阵父子兵”活动、夜宿活动等。除此之外，每逢节庆假期时，我们也常常建议家长带孩子走出家门、走进自然、走向社会，让孩子们去亲身感受、了解自己的家乡，在他们幼小的心灵中播下爱祖国、爱家乡的种子。

因为我们的不懈努力，我们的活动经常受到家长的称赞和孩子们的喜爱，假期回来后，孩子们总是欢欣鼓舞地向我们述说他们的所见所闻。但是，2018年国庆节假期后，幼儿园里却发生了一件不愉快的事……

早晨，我正在门口迎接孩子入园，突然接到区教委办公室电话，内容是有家长投诉我园A班组织评选活动不公平，认为孩子幼小的心灵受到了伤害，希望园方给家长合理的解释。迎接完孩子，我找到业务园长了解情况。原来，中班组在“十一”假期前征集了主题亲子作品，昨天，中班组按照计划，在园内森林剧场进行“水果宝宝”和“蔬菜宝宝”亲子作品展评活动，A班唯一制作树叶贴画的辰辰，因为作品不符合主题的原因没有被邀请参加，由教师陪伴留在班内活动，而这次投诉的家长就是辰辰妈妈。

初步掌握情况后，作为书记，我开始思考解决问题的办法。为有效、顺利地解决问题，我将投诉的

事实告诉了业务园长和A班张老师，她们的反应是不理解和紧张，对此，我没有多说什么，只是提议一起去A班看一看。当时辰辰正由一位党员教师耐心陪伴，我和辰辰进行短暂交流后，去看了辰辰的作品。看到作品的那一刻，我似乎对家长投诉的心情有所理解。这是一幅精心制作的贴画，无论是材料的选择，还是作品的构思，我都能深深地感受到妈妈和孩子的用心。看完作品，我向辰辰询问道："辰辰，你能给园长妈妈讲讲这幅画吗？"辰辰高兴地说："这是我和妈妈在森林公园玩时看到地下有许多五颜六色的树叶，我就捡回家，晚上妈妈和我一起粘贴的。""你能告诉我，这幅画为什么叫狐狸和鸭子吗？你能讲讲这个故事吗？"辰辰点点头，绘声绘色地讲着故事。"辰辰讲得真好！你愿意给全班小朋友们讲吗？""嗯，我愿意！"在辰辰讲故事的同时，张老师用手机将全程录了下来。听完辰辰的故事，我告诉张老师下午离园时请她带辰辰妈妈到会议室找我。

下午离园后，张老师带着辰辰妈妈来到会议室，我请辰辰妈妈观看辰辰讲述"狐狸和鸭子"的故事视频。虽然故事时间不长，但我注意到辰辰妈妈的表情发生了变化，她渐渐开心起来，此时，我的心放下一半。看完了视频，我说："辰辰真有讲故事的天赋，看来你经常给她讲故事啊！这个视频给你拿回家吧！""园长、张老师，对不起，我不该给区教委打电话，真是冤枉你们了！"说着辰辰妈妈站起来向我和张老师深深鞠躬。我说："我们也有做不到位的地方，谢谢你支持我们工作，在假期中和辰辰一起制作精美而又有创意的作品，让老师和全班小朋友都感受到美和爱。"张老师说："辰辰妈妈，对不起，怪我没有能够及时与你沟通这一主题系列活动，以后，我会把班级开展的活动及时发到班级微信群中，让每一位家长了解主题活动进程。"辰辰妈妈说："张老师，我以后有疑问一定第一时间跟你沟通。"

就这样，辰辰妈妈满意而归，但作为园长兼书记的我却陷入思考中。业务园长是支部委员，张老师是党员，她们对此事的第一反应，让我意识到：部分干部、教师尊重孩子的教育理念还只停留在表层。如何能够引导干部、教师理解并践行教育的初心和使命，办好人民满意的教育呢？为此，我组织了以"一幅树叶贴画"为主题的大讨论，活动中我肯定了张老师认真的工作态度，同时引导全体教师思考三个问题：我们举办活动的目的是促进孩子发展还是完成教学计划呢？我们是否换位思考过孩子和家长的感受？我们是否会思考孩子的想法？借此来引导干部、教师从反思入手，用"顺天和人"的文化思想，去理解

新时代党员教师的服务宗旨，进一步促进他们对教育初心和使命的深层理解，促使他们思想和行为的转变。

讨论活动后，作为园长兼书记，我也有所反思。针对在当今文化大背景下如何处理党群关系，结合这次事件和我园“顺”与“和”的办园理念及党支部工作实际，我有以下几点思考。

顺情：设身处地理解群众

践行党的群众路线就是要设身处地为群众着想。在幼儿园里，无论是党员还是教师，都要时刻牢记教育的出发点，站在孩子及家长的立场和角度，设身处地、感同身受地理解家长的行为。辰辰妈妈很用心地带着孩子付出艰辛的劳动，自然希望能够让孩子获得快乐，有所收获。然而，教师采用不参评留班级的方法，没能从尊重孩子的角度思考，没有充分考虑家长的感受，因此，家长投诉行为是可以理解的。

顺理：要转变工作思维

在处理问题时，干部、党员、教师要转变工作的思维。首先，需要深入了解整个事件的因果联系；其次，客观分析，综合考虑各种因素，对事件进行多视角、深层次的解读；最后，本着尊重儿童、顺应规律的原则，提出正确的解决策略并实施。

和爱：坚定以人为本的服务宗旨

幼儿园应服务于幼儿健康成长，服务于教师的自身发展，坚持以人为本的服务宗旨。面对矛盾，应以人为本，以和善与友爱化解冲突、消除矛盾。这次事件，干部、教师学会了不抱怨，积极应对，反求诸己，大家通过研讨交流、碰撞分享，梳理其思想脉络，调整自身的教育行为，再一次审视自我、重塑心灵，注入和爱。

和谐：党群共同促进幼儿幸福成长

在这次事件中，家长、幼儿和教师都是成长者。每一个幼儿来自不同的家庭，作为教师需要了解每一个家庭，耐心听取家长的意见和建议，与家长有针对性地沟通交流，包容、接纳、尊重每一个幼儿的天性，尊重每一位家长的劳动，家园之间建立起尊重与平等对话的平台。之后的工作，我们应经常重温教育的初心和使命，引领干部教师顺应天性，履行天职，学会感恩、学会尊重、学会理解；与幼儿和谐、与家长和谐，教师与教师间和谐、干部与教师间和谐，形成和谐的园所文化，达到新的思想统一，推动园所特色发展。

打造有“温度”的党支部

曹海滨

当支部书记将信封中的2600元钱交到肖老师手里时，肖老师感动得眼里泛起了泪花。2600元钱也许杯水车薪、微不足道，但它却是顺和幼儿园党支部每一位党员和积极分子的一片心意。

这2600元钱的缘起来自寻常的一天，这天，一场突如其来的意外袭击了肖老师家，她的爱人突发车祸。而当时，肖老师上有老下有小，家中老人因病常年卧床，她不仅要照顾家里的老人，还要照顾正在上小学的女儿。爱人的突然离世，无疑雪上加霜，家庭的重担全部压在了肖老师的身上。但令人感动的是，肖老师没有被生活的压力压垮，她默默地承担着这一切，一直坚持按时上下班，没有影响幼儿园正常的保育工作。

得知这一消息后，顺和幼儿园党支部第一时间深入了解了肖老师的各方面情况，及时召开支委会议，决定在支部中开展“献手足情、暖职工心”主题活动，倡议党员和积极分子进行捐款活动，对家庭困难的肖老师表达爱心与关怀。中华民族一向有仁者爱人的传统美德，顺和幼儿园党支部更有着团结奋进、互助友爱的优良作风。倡议提出后，党支部共产党员、入党积极分子积极行动起来，踊跃参加到“献手足情、暖职工心”的献爱心活动中。此次活动有正式党员和积极分子共12人参加，共计捐款2600元。

其实，顺和幼儿园党支部一直高度重视对困难教职工的帮困工作，尤其是

家中突发意外事件，造成家庭困难的，支部都会及时地给予温暖帮助。支部希望通过开展帮扶困难职工的美德活动，让所有教职工都感受到顺和幼儿园党支部大家庭的温暖。因为一个有“温度”的党支部，才有更强的生命力，才有更高的凝聚力。而且，让支部成员时时都能触摸支部的脉搏，感受支部温度，一直是顺和幼儿园党支部努力的方向。我们希望用我们的坚守与初心，共同构筑起顺和幼儿园和谐美好的明天。

规范支部管理　提高组织活力

曹海滨

做好党员教育管理工作，不仅是我们党统一思想意志、加强队伍建设的优良传统，也是基层党组织重要性、经常性工作，是激发党组织生机活力的有机保障。顺和幼儿园党支部有正式党员10名，积极分子2名，发展对象1名，提交入党申请书的3名，占全体教工总数的16%。为了使他们更好地成长起来，增强支部的组织活力，在上级党组织的正确指导下，我们坚持以从严治党为主线，围绕“加强学习、提高服务、转变作风”的工作思路，狠抓党组织的作风建设和服务阵地建设，有力地提升了党建工作的水平，为顺和幼儿园的发展提供了坚强的政治和组织保证。

坚持把学习教育贯穿始终，真学入心、知行合一、三观统一

为建立学习型党支部，我们创新了学习形式和途径。一是干部带头做表率。党支部书记陈桂华主持制定支部理论学习主题教育安排，领导班子成员发挥“关键少数”的模范带头作用，以身作则，带头学习，做好表率。全体党员在他们的带动下，认真通读《习近平关于“不忘初心、牢记使命”论述摘编》《习近平新时代中国特色社会主义思想学习纲要》《中国共产党章程》及《关于新形势下党内政治生活的若干准则》《中国共产党纪律处分条例》等。

二是扩展学习途径促提高。在集中研讨的基础上，党支部通过微信群组织开展“学习强国”交流活动；开启红

色教育之旅，带领党员走进红色教育基地，了解革命先辈不忘初心、勇担使命、坚定信仰、忠贞爱国的感人事迹，传承红色基因；组织党员参观纪念馆、档案馆，接受党性和革命传统教育；开展支部书记讲党课活动，书记陈桂华以特定历史时期、特定教育背景为主题，进行党课宣讲；组织党员观看纪录片、教育片，并进行笔记和反思交流；认真进行组织生活会，开展批评和自我批评及民主测评工作。

坚持把服务贯穿始终，有的放矢、把握方向、贴心及时

为了让幼儿园中心工作少走弯路，支部每周都召开例会，了解党员上一周的思想动态、工作进展和待解决的问题。通过和班子成员及时沟通，支部有的放矢，及时、高效地发布通知，为党员的工作指明了方向。

在幼儿园中，做好党建工作的关键在于激发党员热情，调动党员做事的积极性，让党员成为推动中心工作发展的中坚力量。为此，党支部建立党员责任区，让党员不仅在教职工中亮明身份，也在幼儿家长中亮出身份。通过亮明身份不仅使党员激励自己，还在教职工中起到了带头引领作用。而且党员们深入工作一线，及时反馈各种问题，使中心工作不断完善。除此之外，党支部还成立了党员服务队，服务队的党员们会利用休息时间为在平时的中心工作中遇到困难或临时需要加班加点等情况的人提供义务服务，以促进幼儿园中心工作

的推进。同时，为进一步激发党员的工作激情，党支部开展了“晒成绩、比业绩、亮风采”活动，鼓励党员教师在微信群里晒成绩、比业绩、亮风采，在很大程度上提升了党员的精气神。

坚持把作风建设放在首位，坚持不懈、常态长效、常抓常新

为落实作风建设工作，顺和幼儿园党支部坚持把作风建设放在首位，从以下方面常抓不懈。一是严格落实党员回社区报到要求。让每名党员积极回社区报到并参加社区活动，要求每年参加活动四次以上。二是成立支部党员服务队。组织党员进行义务服务、环境布置等活动。三是开展送温暖捐款活动。在积极响应上级组织活动的同时，顺和幼儿园党支部还组织党员对园内困难教师进行送温暖捐款活动。四是开展群众监督，建立起支部与群众沟通的多条渠道。一旦群众发现有存在不作为、慢作为及损害群众利益问题的党员，就可以通过园长信箱和意见箱等相关渠道进行反馈。

我们是奋斗、爱“玩”、有爱的团队

魏俊平

故事一：凝聚在小角落

2013年的春天，在楼内，施工方正在紧锣密鼓地忙着全园各教室的装修；在楼外，园长带着两位副园长（当时幼儿园仅有的三名教职工）研究操场具体美化与绿化工作。在详细分析每一处布置后，我们发现只有自然种植区还是空白。为了让这个小空间同样充满生机与活力，同时也让有限的资金花在刀刃上，我们三个人决定自己动手开辟种植区。

说干就干。但磨刀不误砍柴工，向有种植经验的社区居民学习翻地经验后，我们三个每人一把铁锹，开始了自然种植区的翻地工作。虽说种植区面积

不太大，事先也学习了一些种植前的准备知识，但是这对于缺乏种植经验的我们来说还是有些困难。没干多大会儿，我们大汗淋漓不说，更逐渐出现了手疼、脚疼的现象。但如此就放弃吗？当然不会。谚云：世上无难事，只畏有心人。在歇了会儿后我们又接着干了起来，边干边相互鼓励、打气，同时还不断总结，互相分享自己掌握的点滴小技巧。就这样，我们坚持干了一天，总算把地翻完了。

翻完地后，接下来就是撒底肥的工作。为了不耽误干活儿，第二天一大早，陈园长开着自家的车，拉来了两袋有机肥——“鸡粪”。于是，撒肥、平地等一系列种植前的准备工作开始了，在我们三个人的通力合作下，自然种植区终于有了模样。

做完这些准备工作后，我们开始思考：这个季节在种植区要种些什么植物？经过一番思考加讨论后，我们认为要种的植物既要适合这片土地，并且能在9月1日开学时让孩子们看到果实，还要能体现植物种类的丰富性。在咨询了有经验的居民、查阅了网络资料，并融进种植区要蕴含教育理念的想法后，我们定下了要种植的植物：有种在围栏边借栏攀爬的豆角、丝瓜和葫芦，有可以从高到矮排列搭架种植的黄瓜、冬瓜、西红柿，有茄子、青椒、辣椒，还有对比种植的韭菜、大蒜，更有果实埋在地下的花生和白薯。

买来这些植物的小苗，我们开始种植，待所有小苗入土后，种植区有了生机。随着开学时间的日渐临近，这些植物开始陆续开花、结果，和三位园长一起迎接新老师和新生的到来。

故事二：在玩中快乐成长

不知什么时候，“挑战性体育游戏”已成为我园的一个代名词。为什么它会成为我们的代名词呢？这要从2013年开始说起，那时我们处于开园初期，为破解80%以上新教师为非幼教专业的难题，我们坚持“教师的成长需要时间，幼儿的发展不能等待”的工作理念，决心从“玩”入手，让新教师和孩子们一起在快乐中成长。

但怎么玩呢？我们知道要想孩子们玩得快乐，在玩中成长，我们的“孩子王”就得首先爱玩、会玩。为提高玩的效率和质量，利用每天孩子们离园后的时间，教师们开始琢磨怎样对轮胎、油桶、呼啦圈等现有材料进行一物多玩。

在探究玩法的过程中，教师们各显智慧。从单一玩具到组合材料，教师们不断探索着新的玩法；从低矮、简单游戏到有挑战、有难度的组合游戏，教师

们在不断尝试。在实践体验后，教师们认真分享自己参与时的真实感受，并从孩子的视角思考，哪些组合是适宜的，哪些组合是有难度的，哪些组合是具有危险性的，它们分别适合什么阶段、什么样的孩子，危险的组合又该做哪些具体的保护措施。在探索、讨论时，教师们有时也会因为一个小小的问题发生争执，僵持不下时便搬出《幼儿园教育指导纲要（试行）》《3～6岁儿童学习与发展指南》及其他理论书籍，或是上网查阅，给自己的观点找论据，努力说服对方。甚至为激发出更多的创意，教师们主动分组探索材料玩法，比赛哪组的玩法多，最后统计梳理出最好玩的个体游戏和合作游戏。

在日常的教育活动中，如果孩子们对一个游戏情境的设计没了兴趣，教师们会再次聚集在一起，在玩中探索新的情境；或者以班级为单位，教师带孩子们一起创新玩法，在游戏中师幼共同创设情境，然后全园分享。

就这样，教师们通力合作，将游戏的种类从最初简单的几种玩法拓展到了现在的数十种，开发区域也从开始的7个增加到现在的22个，游戏材料更是由最初的几种丰富到现在的上百种，而且其中20%以上的材料都是教师们在玩中自主研创的。

看到这儿，我想“挑战性体育游戏”这个代名词的由来便不言而喻了。它融入了顺和幼儿园尊重规律、协和共育、全面发展、快乐成长的教育理念，通过“玩”而得来，让教师们明白了如何才能当好一名快乐的深受孩子喜爱的教师，也让我们顺和大家庭更加和谐、和睦。

故事三：有准备的爱

分离焦虑问题一直是小班新生及其家长的一个普遍问题。怎样帮助孩子、家长有效缓解这一问题呢？2014年招生工作开展前期，我园领导班子和骨干教师针对这个问题展开了研讨。

“分离焦虑问题的起因是什么？”陈园长首先抛出这个问题请大家思考。

“孩子自理能力弱、挑食，是孩子哭闹的一个原因。”

“孩子比较内向，不会交往，同班里的小伙伴、老师不熟悉。”

“孩子个人安全感不够。”

…………

教师们列举出很多条孩子哭闹的原因。

“你们有见过教室里孩子哭，教室外家长焦虑甚至有些家长也哭的现象吗？为什么？”在陈园长提出的问题引导下，教师们又开始一番交流。

“家长担心孩子在幼儿园会不适应。”

“家长不了解幼儿园老师对新来园孩子的爱。”

“家长对孩子呵护过度。”

…………

“面对诸多问题，我们可以做些什么？怎么做才能引导家长帮助孩子一起做好入园前的准备呢？”问题又被抛出，大家像之前一样开启了头脑风暴式的讨论。最后，大家总结出以下几条措施。

第一，招生完毕后立即分班，并组织召开新生家长会。家长会的内容包括：认识班级教师；由有经验的李海伶老师结合实例给家长介绍如何帮助孩子做好入学前的准备；由保健医讲解幼儿园的营养饮食；参观幼儿园、班级等。

第二，班组长建立班级联系群，班级教师每周与家长、孩子沟通，主要沟通内容为指导家长帮助孩子逐渐养成生活自理能力，如独立进餐、喝白开水、如厕、午睡等。同时，发送教师们专门录制的有关洗手、擦嘴的正确步骤等生活小视频。在孩子正式入园前，以此加强师生之间的熟悉度。

第三，开学前教师要将孩子的照片贴在水杯、衣柜、小床等个人物品上，这样入园后孩子便可以在班级的各个角落找到自己的物品。

按照商定的措施执行后，2014年9月来园的小班新生的哭闹情绪明显有所缓解。显然，我们的措施是有效的。在以后的每一年我们都如法炮制，提前两个月引导家长做好入园准备，并根据每年的情况，在新生焦虑期过后，组织小班组教师一起总结分析工作中的亮点与问题，研究具体解决措施，不断完善我们的工作，让我们的团队更加和谐、进取、至善。

"事儿"奶奶来了

张 晨

小班的家长工作一向是重中之重。开学初，有些家长的分离焦虑甚至比孩子还要严重。刚接触一个星期，我们就发现很多问题，其中表现尤为突出的是不信任老师、"一言堂"、宠溺孩子的奶奶。在这种信任基础并不牢固的情况下，一次又一次的事件发生了。

"着凉"事件

来园不到两个月，就发生了一件"大"事。小奕午睡前尿裤子了，小张老师发现柜子里面没有衣服，就先让小奕脱掉湿裤子午睡，然后打电话给小奕爸爸说明情况。明白情况后，小奕爸爸表示让孩子先睡觉。起床后小奕奶奶送来衣服，给孩子穿好后直接走了。第二天，小奕爸爸帮小奕请假说家中有事，过了两天，小奕还没有来。小张老师询问孩子的情况，小奕爸爸说："老师，我家孩子这两天生病了，是不是那天尿裤子在幼儿园着凉了？"小张老师很惊讶，忙问："孩子现在怎么样了？"小奕爸爸回复："没大事，前天发低烧了，吃两顿药好多了。"小张老师又细致地说了尿裤子当天的事情原委，但是爸爸仍坚持说："那我家孩子怎么发烧了？之前发烧刚好没几天，幼儿园里没裤子，被子还这么薄。"对于小奕爸爸的话，小张老师并未反驳，而是诚恳地回复道："您说的问题，我们非常关注，也很心疼孩子，等孩子好了，想请您和奶奶来园详细地说，您看行吗？"小奕爸爸回复："过几天吧，我这几天没有时间。"

针对小奕爸爸反馈的情况，在孩子们离园后我们坐下来讨论解决办法。在梳理了小奕入园以后的情况及换位思考后，我们认为背后的原因可能有四点：一是小奕家里四个大人围着一个孩子，将孩子照顾得很细致，小奕刚入园一个半月，短短一个半月内生病两次，自然家长格外心疼，认为幼儿园老师不如家里细致，有疏忽。二是家长对于老师的提示、通知等不够关注，导致奶奶没有得到通知，没带换洗衣服、没有更换厚被子。三是家长对于孩子入园常生病的原因认知有误区。四是家长不清楚老师日常对孩子的照顾，不理解孩子在园和在家做事的不同要求。

分析出原因，我们又讨论了解决问题的策略，并做好分工。第一，收集好各方面涉及的情况。小张老师负责整理在家长群、微信群里日常文字发过的、语言提示过的带衣服和被子等的相关通知；我梳理孩子近段时间的总体表现和户外时间活动时的天气与时间长短；何老师梳理孩子的喝水情况、班级通风要求和时间。第二，我和小奕爸爸电话联系，定好座谈时间，并请小奕奶奶一定参与，因为奶奶在家照顾孩子最多，爸爸也最信任奶奶。第三，邀请经验丰富的李老师参加。

在做好充分的准备后，我们和小奕的家长进行了一次深入的座谈会。谈话开始，我们直接进入主题，先解释孩子尿裤子与生病的事情原委，拿出收集的资料，用事实说明孩子没衣服和被子薄的原因，点出爸爸没有及时关注群消息的问题；接着我们深入话题，分析解释孩子入园普遍爱生病的诸多原因，同时我们三位老师更详细地将照顾小奕的情况分别做了说明。说完这些，小奕的爸爸和奶奶的态度有了转变，小奕爸爸更表示以后会及时关注群消息。见问题已基本解决，我们顿时都轻松起来，聊起了小奕最近的表现，夸奖了小奕的进步，小奕的爸爸和奶奶听到我们的夸奖喜笑颜开。趁热打铁，我们为后续的工作打下基础，告诉小奕的爸爸和奶奶，小奕在幼儿园开展的各种活动锻炼下会越来越好，希望他们在家保持和幼儿园一致的要求。就这样，这次座谈会愉快地结束，最终小奕爸爸和奶奶了解到我们的细致照顾，十分理解我们；同时，我们也认识到和家长保持一定频次和有效沟通的重要性，在今后的工作中也会更加注意。

批评事件

就在开完座谈会以为一切好转的时候，不到一个月时间，小奕奶奶又来找我们谈心了："您上周五跟我们说孩子推人，批评我们，孩子不高兴了，不想来幼儿园了，都生病了，现在看他好了我才让他来幼儿园。"意识到这个问题需要立刻解决，我赶忙和小奕奶奶说道："您别着急，今天接完孩子，咱们一起聊一聊这个情况。"小奕奶奶同意了。利用中午时间，我们汇总小奕在园和同伴相处的情况，发现最大的问题就是小奕会主动和同伴玩"动手"游戏，而同伴碰他一下他就误认为是打他。但是，一直觉得小奕胆子小、很乖、不淘气、容易受欺负的奶奶不认可这些，更将小奕又一次生病的原因归结于老师的批评，直接找上我们"理论"。

为此，我们特意与小奕奶奶进行了一次谈话。谈话时我们三个人分别向小奕奶奶反映我们知道的小奕的个别事件，说明了批评的原因和目的。解释完这些后我又进行总结，介绍了针对小奕的问题我们采用的引导方法，让奶奶了解每位老师对小奕的关注，明白不管是家长还是老师都需要正确使用表扬和批评，培养孩子正确的是非观念，引导孩子学习和同伴相处的方法。听完这些，小奕奶奶的态度发生了很大转变，由一开始为小奕委屈到不再反驳，最后完全理解老师的做法和用心，甚至愿意改变自己，开始更多地参与我们的活动。

吃饭事件

第二学期刚开学没多久，一天，小奕奶奶在送小奕来园时，着重向我们反映了吃饭问题。她说："老师，我家小奕昨天回家又吃好多，在幼儿园没吃饱，您多给我们吃点儿，尤其是饺子，能吃三四个呢！"我回顾小奕之前吃饭的情况后说："是呢，昨天小奕吃了三个饺子，两碗粥，在家又吃那么多，小奕这是要长个儿啊！"小奕奶奶一听："哎哟，可不嘛，最近可能吃了，您多给我们吃点儿吧。"我痛快地回答："好的，我们多问着点儿孩子，一定得让小奕吃得饱饱地回家。"

又过了几天，小奕奶奶问我："老师，我家小奕昨天说他吃了两碗炒米饭呢？"我点点头："对，昨天的什锦炒饭小奕爱吃，吃两碗了还想要，小张老师看他吃得有点儿超量，就跟孩子商量换成喝汤，要不吃撑了肚子不舒服。"小奕奶奶很满意地道："谢谢老师，我昨天一听，就觉得他吃多了，您少给我们点儿，吃多了该有食火了。"我轻轻拍拍小奕奶奶的手臂说："您放心，这些我们一定想着，会根据情况提醒孩子。"因为小奕奶奶一周内两次的反映，我们更加关注小奕的吃饭情况了，并常常询问他的想法。但是第二周的周二，小奕奶奶又对小张老师说："老师，我家孩子说了没吃饱，回家又吃不少，您给我们多吃点儿。"何老师听到了，想了想说："昨天吃白菜肉馅儿的包子，我们特意问他，他说自己吃饱了就交碗了。"奶奶不相信地说："在家跟我说没吃饱，您多给点儿吧。"说完她就走了。

小奕奶奶的态度和小奕在家的表现让我们意识到这不仅仅是吃饭饱不饱的

问题了，我们三个人坐下来一起商量、分析问题，认为有这几方面的原因：一是不信任。面对老师和孩子不一致的说法，奶奶潜意识、无条件地选择信任孩子。二是家长对孩子在幼儿园吃饭的错误观念。小奕在幼儿园里吃了三个包子、一碗粥，饭量如平常一样，而且在小奕已经声明自己吃饱的情况下我们自然不会再加量。其实孩子回家后还要求吃饭也是正常现象，从常理上来理解，幼儿园吃饭早，家里吃饭晚，中间隔了两三个小时，而孩子又是少食多餐，自然又饿了。但为什么会误以为孩子在幼儿园没吃饱呢？这源于孩子的语言表达能力和思维能力不足以支撑他进行清晰表达——他是在幼儿园吃饱后，经过一段时间的消耗回家又饿了，这便造成家长对于孩子吃饭的一个误区。三是孩子知道自己要什么，但是家长放不开手，总觉得孩子没吃饱或者吃多了。

知道原因后，我们讨论解决措施，认为耳听为虚、眼见为实，家长总是听老师说，但是他们没有看到孩子吃饭的具体情况，自然不会全然信任。如果将事实以眼见为实的方式摆出，相信问题自然会得到解决。因此，我们不着急和小奕奶奶详谈，而是先做详细的观察、记录，并且三人分工合作。何老师每天进餐时和孩子们说悄悄话，询问他们吃饭的情况；我每天在孩子们吃晚餐时分段录视频，记录他们吃的食物、吃的情况、交碗前和饭后的谈话等；小张老师每天询问前一天孩子在家吃饭时向奶奶反映的情况并记录下来。观察一周后，小奕奶奶又一次来反映孩子没吃饱，我们顺势向小奕奶奶提出邀请，希望她在离园后与我们一起讨论孩子的吃饭问题。

晚离园后，谈话开始，我们先向小奕奶奶询问了小奕在家的情况，再请她看我们的观察记录和视频，然后解释了小奕在幼儿园和在家表达不一致的原因。了解了所有事实，明白其中缘由后，小奕奶奶的态度软和了，不再盲目说孩子没吃饱，而是觉得小奕正在长身体，吃得多了。见此，小张老师说："看到小奕吃得香，我们也很高兴，一定会细心照顾好孩子，希望我们彼此之间更信任。"奶奶一听，拍着小张老师说："咱们老师特别负责任。"感觉到深入交谈的时机到了，我说："您这么说我们心里特别高兴，有一件事想和您聊聊了。"于是我们就这次事件与小奕奶奶沟通了她盲目相信孩子的问题，帮助她分析原因，并结合小奕的进步告诉她教育孩子有时候需要我们适时学会"偷懒"，因为帮助孩子越多，孩子体验、收获得就越少；相反，放手得越多，孩子体验、探索得越多，收获得就越多。如此解释后，小奕奶奶理解了，想了想说："好，我回家试试，慢慢改。"就这样，又一次的事件在我们团结合作的努力下顺利解决了。

经历多次事件的处理后，我们认识到，遇到问题我们不能被动，应主动积极，先挖掘问题根源，剖析教师、家长、孩子三方面的问题，再有针对性地开展指导策略，分工合作，做好充分的准备，以面谈的方式，用事实和真诚的态度去解决问题。而其中，我认为在面对事件时我们三个老师的团结协作、共同努力是关键，这使我们有信心、有力量、有方向、有策略地解决问题，做到和谐、进取、至善。我想，团队的力量、团队的温暖大抵就是如此了。

当诺如病毒来袭时

李金蓓

2019年11月21日，星期四，这天阳光普照，寒冷的冬天因阳光的照射而变得温暖。如往常一般我去上早班，做着正常的晨间接园，用微笑和拥抱迎接着每一位宝贝。然而意外打破了这平常的一切，在早餐时间7点时，魏老师来电说：“看群内消息，咱们班10余个孩子以同一病因请假呀。我昨天也拉肚子，今天请假了。”接到魏老师的来电，我才发现因拉肚子请假的孩子真多。

由于早餐时间繁忙，我和临时调过来暂代魏老师的田老师一起忙着照顾孩子，便无暇再细想。上午8点多，主班姜老师来问我：“你有什么不舒服或拉肚子吗？”对于姜老师的提问，我一脸茫然地答道：“昨晚有，但是常态。”

到上午大约9点半时，我带着孩子们结束户外活动回来，看到三位园长、保教主任、保健医和主班老师坐在活动室像是在谈论什么，气氛有点儿凝重，顿时我感到有点儿不安。进班后我带着孩子们坐下，魏园长告知我组织一些安静的教育活动，我们便做了绘本分享。没一会儿姜老师过来，请我停下分享，对孩子们说道：“小朋友们，因为同时间内很多人请假，为健康考虑，老师通知家长暂时将你们接回去，请你们回家后好好休息。”为了让孩子们耐心等待，我继续进行绘本分享。

上午10点半左右，我们班所有孩子陆续离园，直到此时我才完全了解情况，原来我们班有10余个孩子出现拉肚子及呕吐现象。园领导得知后第一时间开展会议商讨、上报等相关工作，并根据症状询问相关医务专业人员，初步判定为诺如病毒。下午我们需要等待卫生院的相关人员前来进行肛拭子采样化验做最后的确诊，而在这之前我们需要做好相关辅助工作，打电话通知相关孩子来园进行化验采集，记录他们的情况，并对班级进行360°无死角的彻底消毒。

下午1点半时，卫生院的人员来园对五六个孩子逐一进行了肛拭子采集。有的孩子因吃药睡着了或者太难受，同时家长也没时间，所以没有来，但他们

积极配合送来相关检验物。检测完后，医生建议我们班暂时停学，而早在上午园领导们已经在第一时间做出了停学的决定。担心孩子们，同时也想更清楚后续工作的处理，我向医生进行了细致的问询：什么时候能出结果？孩子们不舒服会持续多久？这个病毒会传染吗？尽管医生一一作了明确回答，但第一次经历幼儿园病毒事件的我，还是带着忐忑的心情等待着。也许是看出我的担忧和忐忑，园领导和前辈们及时过来安慰了我，并为我解惑，有了她们的开导，我的担忧和忐忑消除了不少。

2019年11月22日下午1点半左右，卫生院告知我们检测结果，确定是诺如病毒。这种病毒有一定的传播性，并且有一定的潜伏期，为24～48小时，所以确诊诺如病毒的孩子无症状后还需要在家继续观察三天，并去卫生院开具返园证明才可来园。为确保更多孩子的健康，我们班暂时停学。之后，康复的魏老师来了，和我们井然有序地进行消毒晾晒。在这期间，领导们也时常来看望关心，这时的我才明白其实“它”并不可怕！重要的是事情来了，我们如何去面对它、解决它。

不知不觉，一周时间悄悄过去，班里的消毒工作完成了。虽然这些天我觉得有些累，但看着干净整洁的一切，想着孩子们明天就要来园了，我心中十分欣喜。

经历这次诺如病毒来袭事件，我非常庆幸能加入如此优秀的团队。俗话说：“众人拾柴火焰高。”有一首童谣这样唱道：“一只蚂蚁来搬米，搬来搬去搬不起；两只蚂蚁来搬米，身体晃来又晃去；三只蚂蚁来搬米，轻轻抬着进洞里。”这次诺如病毒之所以不可怕，正是因为团队的和谐、团结、进取，所以我们才有了至善的结果。

“新生”

魏心怡

伴着柔和的秋风我终于再次踏入顺和幼儿园，这是我梦想中工作的地方。还记得6月时，即将大学毕业的我因为一个很偶然的机会走进了顺和幼儿园，当时我眼前一亮，完全被幼儿园里优美的环境吸引住，心想毕业后我一定要在这个幼儿园工作。终于，经过不懈的努力，我如愿被顺和幼儿园录取了，从一名学生荣升为一名教师。

第一天工作，我怀着无比激动且兴奋，又伴随着一些担心、忐忑和迷茫的心情走进顺和幼儿园。当保安师傅面带和蔼可亲的笑容开门迎接我的那一刻，我紧张的心情得到了一丝缓解。进入教学楼，虽然遇到的每一位老师我并不认识，但是他们身上那好像自带的温柔光环一下子就温暖了我。后来园领导接待了我，她带着微笑，用温柔可亲的话语与我交谈着。交谈中，她告诉我会安排有经验的老师带我，在我的专业工作岗位上也会安排老师指导我。如此细心、贴心的安排，对于初来乍到且没有什么具体工作经验，但又要担任保育员的我来说真是再好不过了。同时，这如同妈妈、姐姐般的关爱也驱走了我剩余的担心与忐忑。

带着这些温暖，我正式踏入自己的工作岗位。我在心底给自己加油打气，鼓励自己可以从最基本的照料孩子的生活着手学习，毕竟经过三年的幼教专业学习，我有一定的理论知识基础。但掌握理论是一回事，在工作中实践起来却是另外一回事。同班的姜老师看出我的问题，就在引导孩子的同时提示我应该做什么；热心的李老师则放下自己手头上的事情带着我一起干。她们为了不让我那么拘谨，非常主动地与我交流，引导我、帮助我，让我切切实实地感受到我是这个幼儿园、这个班的一员。

来到顺和幼儿园工作的第二天，园里协调工作，安排大二班的郭老师进入我们班，一个环节一个环节地指导我，带着我熟悉流程，向我讲解一日生活中需要注意的问题。虽然我非常认真地学习了，但是独立开展工作的第一天，我发现我根本无法井井有条地去衔接好每一个工作，好不容易勉强撑到离园，但是离园后的工作也因为之前的工作没有衔接好而变得异常多。班里的姜老师和李老师忙完自己的工作后赶忙帮我一起收拾并安慰我。我很感动，同时也涌上来更多自责。我告诉自己不要气馁、不要放弃，相信只要付出辛苦与努力，就一定能行。

次日早上，我早早地来到幼儿园完成了开窗、放水杯、洗毛巾等工作。早饭后回班，我意外地见到郭老师已经出现在我们班里。正好奇她的到来，郭老师开口说道：“今天我一整天都在你们班，帮助你寻找工作中的问题并和你一起解决。”尽管只是简单的一句话，但我体会到了顺和幼儿园的领导和老师们对新员工的关爱。带着这份关爱，我开始了一天的工作，在这期间郭老师不断指出我的问题，并示范帮我改正。例如，进餐环节的准备，孩子们在安静游戏时，就可以进行餐桌的清理与消毒工作；随着消毒工作的陆续完成，可以请小值日生做准备餐巾纸、摆放小毛巾等餐前准备工作；去推餐车时可以提前告知带班教师，这样教师便可以安排孩子陆续整理玩具材料，准备安排第一组孩子进行盥洗。如此下来，不仅可以节省时间，还可以让班级工作更加流畅，减少孩子的消极等待。除此之外，离园时的消毒工作也要统筹安排。例如，给孩子的水杯、毛巾进行消毒时，可以先将毛巾放入洗衣机里，这个时间可以去刷水杯等。

很幸运的是，经过郭老师这一天毫无保留、细致入微的帮助与指导后，我仿佛迷路的人被指明了方向，更清楚该如何工作了。尽管我需要学习的东西还很多，但我的信心增添了不少。在之后的工作中，很多时候依然可以看到郭老师帮助我、提点我的身影。例如，在拿加餐的时候，郭老师会提醒我每种水果、干果的量；她告诉我作为保育员，除了卫生消毒，更需要配合教师一起做好孩子的教育工作等。当她细心地告诉我某项工作该怎么做的时候，我这个“新生”感受到了来自同事间的暖暖情意！

来到顺和幼儿园，在这里工作、生活的每一天，无论是领导还是同事，都让我真真切切、实实在在地感受到了来自集体包容、积极、和谐、进取、至善的温暖。处于这样的集体中，我很幸福，更深感自己有责任为这样的集体贡献所有的能量，为大家美好的明天而加倍努力！我也相信，顺和幼儿园的未来，可期！

教师节惊喜

吴丽鸿

作为后勤园长兼工会主席，为教职员工开展丰富多彩的活动，是肩上不小的重担，除了要考虑教职员工喜欢什么活动外，还要考虑开展活动的意义、目的并同时兼顾节日的特点。

2019年下半年的新学期马上就要开学了，开学就是教师节。暑假里，我就在想：如何过一个让教师们难忘，领导也记忆犹新的教师节呢？带给人惊喜，这是我想到的过一个最让人难以忘怀的教师节的方法。但制造什么样的惊喜？怎样制造惊喜呢？在一番冥思苦想后，我拟订了方案，并向园长详细讲述："在教师节那天，我们会制造惊喜，当教师们踏进幼儿园大门的那一刻，我们就为教师送上鲜花，希望鲜花的芳香可以拂去教师们工作的辛劳，同时也寓意教师们拥有像鲜花一样灿烂的人生。当然，为实现这个惊喜，让教师们感受到领导班子对他们的重视和关爱，我们会在教师节的前一天等到教师们全部下班后才进行筹备，在第二天教师们还没上班时准备就绪。"

听完我的方案后，园长十分赞成，很快批准了我的方案。于是，我们开始紧锣密鼓地准备。准备的过程烦琐且辛苦，至今我记忆犹新。在9月9日这天，从下午开始就一直持续下雨，我一个人在幼儿园里等着花店送花过来，一直到晚上7点半左右鲜花才送来。庆幸的是，保安师傅过来了，一起帮忙搬运，搬运完我们的衣服都湿透了。但此时我还不能回家换衣服休息，因为鲜花要第二

天才送出，需要放一夜，所以我需要把空调调试好，由保安师傅不定时查看，保证用电安全。待一切工作安排好之后，晚上8点多我才离开幼儿园。离开时，虽然天空还下着雨，但是我的心里却很雀跃，想到明天早上要发生的一幕幕，我的嘴角就忍不住上扬。

第二天也就是教师节当天的一早，天依然淅淅沥沥地下着小雨，我画了个美美的淡妆，早上5点20分就从家出发，因为厨房师傅们在早上5点40分左右就会到园为教师、孩子们准备早饭，因此，我需要赶在他们之前到达。我到园的时候，陈园长已经到了，随后魏园长、保教主任李莹老师也到了。穿上红红的园服，我们为食堂师傅们和保安师傅们一一送上了鲜花和拥抱，他们激动地含着泪水，这泪水饱含幸福与爱。看到他们激动的泪水，我知道我们第一波惊喜成功了，同时，我的心也更加雀跃了。接下来，我们平复了一下激动的心情，开始准备为教师们送上惊喜。或许是感受到我们迫不及待的心情，时间开始飞奔起来，很快，就临近教师们的上班时间了，他们开始陆续前来。教师们一边步入门厅一边收伞，当他们抬头看到我们四个人手捧鲜花时，有的诧异万分，有的呆立门口，有的惊讶后马上一一拥抱，还有的直接扑向我们……一早上下来，我们拥抱了每一位教师，在这个早上，因为这份惊喜，因为拥抱，我们这个集体似乎变得更加温暖起来。

在顺和幼儿园，我们的管理文化是顺情、顺理、和爱、和谐。在这个教师节，我们将顺和幼儿园的文化内化于心、外化于行，用芳香与色彩装点，融进爱与情，连接起每一个顺和人的心，使我们这个大家庭更和谐、和爱。

温 暖

王永花

2019年9月，新学期伊始，我从原单位调到顺和幼儿园，成为一名资料员。虽然我有10多年的幼儿园带班工作经验，但新的工作环境，新的工作岗位，充满了新的挑战。我的心里七上八下，充满了诸多的不安和担忧。

初见园长

2019年9月9日，是我去顺和幼儿园上班的第一天。早上，满怀期待，我早早来到幼儿园，见到了和蔼可亲的陈园长。在这之前，我和陈园长有过简单的微信沟通，那时陈园长一句简单的“顺和欢迎你”就早已温暖了我。当见到陈园长后，这种温暖的感觉变得更加深刻。

上午，我接到通知，陈园长、后勤部吴园长要和我进行工作前的谈话。说实话，我的心里很紧张。但听到两位园长“你家是女孩还是男孩，多大了”“先生在什么单位上班”这样拉家常式的问话，看到她们的笑容，我瞬间放松下来，开始与她们愉快地交谈起来。谈话中，陈园长提醒我说：“资料员的工作很重要，也很辛苦，遇到临时或紧急的事情，需要加班加点。”听了她的话，我立刻表态说：“两位园长请放心，这个情况我有思想准备。”最后，陈园长鼓励我说：“你在原单位也是骨干教师，我们相信你在新的工作岗位上也一定可以干好！”

就这样，在陈园长的鼓励声中谈话结束了，走出会议室后，我感觉被阳光包裹着，浑身充满温暖与力量。虽然才是上班的第一天，但我似乎已经对这里产生了莫名的亲切感。

一束鲜花

我来园后，赶上教师节。那天早上，下着蒙蒙细雨，当我走进幼儿园时，三位园长和保教主任正从厨房走出来，她们冒雨一早来到幼儿园，为的是赶在

食堂师傅们之前，第一时间为他们送上节日的祝福。看见我走进来，几位园长灿烂的笑脸和温馨的祝福扑面而来：“王老师，节日快乐！”接着手捧一大束鲜花的陈园长向我走来……随着相机的咔嚓声，我们留下了第一张合影。此时，我被意外的惊喜弄得十分激动与感动，但又不知所措，只能用单薄的语言表达道：“谢谢，园长们节日快乐！”

之后，老师们陆续来到幼儿园，三位园长和保教主任站在门口两侧，手捧鲜花，为每一位老师送上大大的拥抱和祝福：“李老师，节日快乐！”“田老师，节日快乐！”在这样一个下雨天，在属于自己的节日早上，收到鲜花和祝福的老师们开心、快乐、激动，但更多的是感动。

而这一天，这一幕幕，温暖了我并深深地印在了我的脑海中，被珍藏起来。

小小磕绊

2019年10月，幼儿园举办了“献礼祖国七十年 玩中你我共成长”的亲子运动会。运动会按大、中、小班进行，持续三个半天。

而我在运动会后有个重要任务，即要在第三天运动会结束后的下午，完成相应的美篇制作，并发送至家长群。由于活动时间较长、内容较多，需要整理的照片素材也较多，而之前我接触美篇制作方面的知识很少，因此，我心里焦急且紧张，担心自己不能按时完成工作任务。当时，同为资料员的吴老师看出我的不安，便主动告诉我一些美篇制作的方法，和我一起梳理照片，进行拼图美化设计，并和我留下来一起加班。

尽管我们已经紧赶慢赶了，最后完成的时间还是很晚了。带着沮丧，我第一时间向陈园长说明了情况。收到信息的陈园长没有责备我，而是用温暖的话语鼓励我：“没关系，第一次制作已经很好了，只要多学习、多练习，会越来越好的！”看到陈园长的回复，我在自觉惭愧的同时，更多的是下定决心，一定要好好学习，争取下次按时并高质量地完成工作任务。话虽这样说，但之后的一段时间，我并没有从沮丧的情绪中走出来，甚至不断地否定自己。后来，吴园长发现了这一情况，便私下找我谈心，寻找方法帮助我疏解情绪，同时，一起工作的谢老师也多次鼓励我。

很幸运的是，在吴园长和谢老师的帮助与鼓励下，我走出了沮丧的情绪，开始振作起来。在接下来的几次活动中，我总结经验，根据方案提前梳理好文字内容，待活动后再根据内容选取照片，同时丰富、调整内容。如此之后，我的制作效率提高了，慢慢地工作也有了成就感，心情渐渐明朗起来。

在此，我非常感谢园长和伙伴们的包容、帮助与鼓励，谢谢她们给予我的温暖，让我有了前行的动力。也在这一刻，我更明白“顺情、顺理、和爱、和谐”的含义了，相信在以尊重为前提、以沟通为桥梁、以激励为手段、以关爱为动力、以快乐为核心、以制度为保障的管理文化下，我们会更和爱、和谐。

携手共进

作为一名资料员，我的工作内容涉及方方面面，琐碎而繁杂，常需要寻求大家的帮助与配合。

记忆最深刻的一次，就是2019年9月20日这天，我接到了一年一度教育统计工作的通知，需要对幼儿园各个方面的材料和数据进行统计。在此之前，我并无经验，但大家并不因此小看我，反而积极、耐心地帮助和配合我。譬如，之前负责统计工作的曹老师，当时正在参加国庆排练活动，同样时间紧、任务重，但接到我的电话后，曹老师还是利用休息时间赶到幼儿园，指导我做统计系统的工作，并提供了一些固定资产和幼儿的数据。譬如，吴老师帮助我学习筛选的方法；班级教师积极配合我做数据调查。譬如，在教师信息管理系统更新中，需要会计老师提供教师的年工作待遇数据，虽然当时她也有紧急的材料需要上交，但她还是利用中午午休的时间将数据整理出来提供给我。

在整个统计工作中，我听到最多的就是："还差什么材料？你说，我们大家一起准备。"最终，我们顺利地完成该年度教育统计工作。无疑，这是我们团结一致、共同努力的结果。

最后，我要说，来到顺和幼儿园，我感受最多的就是这个大家庭的温暖。它不仅是大家见面彼此微笑的脸庞、热情的问候，还是园长、领导的关心、爱护、支持和鼓励，更是大家团结一致、互相配合、彼此成就、共同努力的氛围。我为身处其中而备感骄傲与幸福！

等“春”来

李 莹

春，象征着生机勃勃，象征着新生命的开始。但2020年的这个“春”却被烙上了更多含义。

新年伊始，一个刺眼的词闯入了我们的世界——“新型冠状病毒”。因为它的突如其来，2020年的春节，没有了游子归家、老少欢聚、觥筹交错、喜气洋洋的热闹，取而代之的是关门闭户、共同“抗疫”。

“抗疫”，我们有备而来

在这场没有硝烟的战役中，人们的健康所系、生命所托都在救死扶伤的医疗工作者们身上，他们奋斗在战斗的最前线。而同样处于战斗中的我们，面对疫情，能做什么呢？

俗话说得好：“兵马未动，粮草先行。” 在大年三十的早晨，为确保全园师生安全度过疫情期，做好保障工作，我们顺和幼儿园的领导班子想在前、做在前，召开了防疫部署会。在明确了各自的职责与分工后，我们开始分头讨论，从防疫预案到消毒制度、摸排制度、保教工作等，每个环节、各项工作，我们都进行了周密的部署。

部署好各项工作后，接下来我们马上展开烦琐的摸排工作。采取的方法是逐级摸排：领导班子摸排教师，各个班的教师们摸排本班孩子和家长。每天教师们都认真细致地排查班级孩子的情况，担心家长们反感，教师们又耐心地向其解说。为什么教师能如此细致与耐心呢？与其说教师把这看做一份工作，不如说他们将这视做特殊时期对大家的一份牵挂。当然，也正是教师们这样的专业态度和耐心打动了家长们，使摸排工作得以顺利开展。

让我们“隔空示爱”

在这场战疫中，我们不能忽视的就是孩子们的成长。在学龄前儿童的世界里，没有那么多大道理，面对新型冠状病毒时，他们懵懵懂懂。最困扰他

们的恐怕是，为什么不能出去玩？为什么不能去幼儿园？为什么见不到小朋友和老师？……面对孩子们的种种问题，家长们可能不知道该如何解释。还有，孩子们每天“宅”在家里，作息不规律，家长们又该如何和孩子们互动？针对这些因疫情带来的情况，顺和幼儿园的教师们开始了一场别开生面的“隔空示爱”。

教师们以孩子年龄段（班）为单位，在线上讨论疫情防控期间如何更好地完成保教工作，有哪些适宜在家里玩的亲子游戏、手工制作等。汇总大家的信息，并通过反复讨论、修改，一个可操作性强的计划出炉了。为了让孩子们能见到自己的老师，教师们轮番上阵，自己录视频，和孩子们问好，给孩子们讲疫情防控期间自我保护的知识，以及带给他们可以做的手工、绘画、儿歌、小律动、游戏等。除此之外，教师还给家长提供一些科学的育儿方法，如幼儿一日作息时间表、亲子互动小游戏、如何与孩子一起面对疫情、家居防疫小常识等。每天教师们都不重样，通过视频，孩子们看到自己的老师很是亲切，家长们看到老师的用心很是暖心。虽然不能面对面，但以连线的方式，教师们的专业情怀与专业态度更加凸显出来，与孩子们、家长们的关系也更加紧密。受到教师们的感染，家长们也会根据教师发布的内容，自发录制孩子们的小视频与教师互动。就这样，我们隔着屏幕，却感受着师生间浓浓的爱意。

2020年，旧年的涅槃，新年的再生，一切都铆足劲儿等待更新、等待开放。2020年这个春天，因为有教师们的付出，而变得格外温暖。

没有一个冬天不会过去，没有一个春天不会到来。这个春天，我们彼此思念，一起等“春”来！

印在小程序里的爱

魏俊平

2020年春，一场突袭的疫情让年变了味，让假期变了样。每天家长和孩子都只能在家不能出门，怎样才能使孩子和家长在这个被疫情打扰的假期中过得更有意义呢？这成为顺和幼儿园园长和教师们思考的焦点。

网络办公，“研”味十足

在园长的指导下，本着方便家长的原则，我园保教组带着所有带班教师分别网罗各种小程序和小软件，很快小黑板、钉钉、小熊打卡、家园联系栏等多个小程序名称都汇集在教师的工作群中。这么多的小程序，哪一个更方便家长使用呢？考虑到每个班都有家长微信群，我们选定“小熊打卡”“家园联系栏”这两个微信小程序。但这两个小程序哪个更好用呢？带着这个问题，三个教研组长分别带着本组的教师们开始了“从教师角色和家长角色参与小程序实用的实践研究”。

在研究过程中，小班组教师最先发现“小熊打卡”只能进去一个教师，其他教师只能以家长身份参与。在教师把这些“家长身份”的教师设置成管理员后，仍有很多功能不能操作，于是小班组将这个发现分享到园教研群里，又继续尝试实践“家园联系栏”的操作与使用。这一次，教师们对这一程序的实践更加细致，他们直接分工，有担任教师角色的，有扮演家长角色的。以各自的角色代入，他们分别试用了程序里的每一项功能，如“教师”上传小视频、音频，“家长”接受等。对于上传文字的通知，有人提出问题：“家长如何能及时知晓收到通知？如何能看到通知呢？”问题一提出，顿时教师们又陷入冷静的思考与实践中。几番操作后，张晨老师说：“‘家园联系栏’有一个通知功能，通知可以通过这一功能发到微信群，大家可以试试。”于是各小组参与实践的教师们开始建群尝试，果真可以收到。最后，我们总结实践操作结果，确定“家园联系栏”这个小程序更便于教师和家长操作。

有情有爱的个性化云学习

虽然小程序已选定，但这只是完成了最开始的一步。给家长提供什么样的亲子内容，既不让家长反感，又丰富多彩，让孩子好玩、好操作，并使家长和孩子都劳逸结合才是重点。对此，各个教研组又展开了研究与学习。我们相信，教师会学习，幼儿才会学习；教师善思考，幼儿才善思考；教师勤积累，才能为幼儿的发展提供更有效的智力支持；教师乐合作，与家长共携手，才能为幼儿的成长营造一种健康愉悦的环境。最后，我们一致决定先明确孩子们上学期的发展情况和这学期的发展目标，根据孩子们的发展情况和目标，结合特殊时期的家庭教育现实和不同孩子与家长的需求，给家长提供丰富的学习内容以供参考。参考的学习内容主要以简单易行的疫情防控小常识、生活卫生习惯养成小视频、亲子小游戏、动手小操作视频、绘本故事等形式呈现，具体的内容每周教师们都会上传至“家园联系栏”。除此之外，考虑到长时间看手机会影响孩子的视力发展，为保护孩子们的眼睛，我们提示家长可以选择其中任何一个或几个带孩子玩。同时，为促进大家的交流互动，我们邀请家长分享好玩的、有意思的亲子小游戏或与孩子在一起的有意义的亲子活动小视频上传至“家园联系栏”中。

总之，在这个特殊的疫情时期，顺和幼儿园全体教师群策群力，以极尽方便、丰富多彩的形式在网络上时时向家长们和孩子们传递爱，希望大家带着爱前行，再次相聚在顺和。

第七章 家园和

家园和，是幼儿园鼓励、引导家长直接或间接地参与幼儿园教育，帮助家长树立正确的教育观念和教育方法，而家长提供有效的资源，常常参与、积极配合。两者相互促进、同心协力，形成幼儿教育的最大合力。在顺和幼儿园，我们的办园目标就是建设一个家园和谐、师幼共生的成长共同体。在这里，我们重视家长在孩子教育上的重要影响，与家长共同合作、共商教育策略，帮助孩子学会选择，改善挑食问题；在这里，我们不只关注孩子，也关心家长，当孩子家长出现焦虑时，我们用专业与耐心给予帮助；在这里，我们与家长紧密合作，有效利用家长资源开办“顺和快递”公司，通过体验式家长会，加深与家长的信任关系；在这里，我们倾听来自家长们的声音，收获家长们的认可。

学会选择从自助餐开始

陈桂华

幼儿园里，每月一次的自助餐活动是孩子们最期盼的。不要小瞧这简简单单的自助餐，其中包含着许多教育价值：按需选取自助餐，食物丰富科学搭配，耐心等待、照顾他人，珍惜粮食不要浪费……而父母们也可以从中看到：给孩子一些自由空间、一些选择权利，对培养孩子独立面对生活的能力是多么重要！

这一天，幼儿园将举办一场家长培训讲座。一大早，小二班的君君由爸爸领着高高兴兴地来到幼儿园。看到我在门口迎接入园，君君蹦蹦跳跳地跑到我面前问："园长妈妈，今天是不是吃自助餐？"当听到我的否定回答后，君君失望极了，甚至马上就要哭出来。我连忙蹲下来抱过君君告诉她，再过两天就是自助餐日了，君君的脸上瞬间雨过天晴，充满期待。

在顺和幼儿园，我们每月会举行一次家长开放日活动，而当天，就是孩子们的自助餐日，同时家长们也会参与其中。君君误把当天的家长培训讲座当成了家长开放日，所以才有了上面的小插曲，但从中我们不难发现孩子们对自助餐的喜爱与期盼。

至于，幼儿园为何每月要安排一次自助餐呢？这还得从孩子们平日的吃饭说起。在观察孩子进餐中，我发现，很多孩子都存在挑食、偏食的问题，甚至一些新入园的孩子，吃饭还需要家长协助。为了帮助孩子们尽快学会进餐，合理搭配食物，养成自己进餐的良好习惯，幼儿园除了采取讲故事、看童话剧、玩娃娃家游戏等策略外，还尝试每月开展一次自助餐活动，以此来引导幼儿科学健康地饮食。

为使自助餐活动能够真正帮助孩子，促使他们健康快乐成长，我们全园参与，做了诸多安排。一是我们从培训教师入手，开展自助餐沙龙活动，让教师们了解自助餐知识，重点在于强调就餐过程中尊重孩子的自主性，从内在激发孩子们对就餐的兴趣。二是每周五的教师中餐安排自助餐，让教师亲身体验自助餐。三是根据不同年龄段的特点来开展不同形式的自助餐：小班幼儿在游戏中体验自助餐，中大班开展自助餐主题活动。让孩子们不仅能快乐体验，还能从中了解自助餐的礼仪和食物搭配知识，如荤素搭配、甜咸搭配、粗细搭配、干稀搭配等；取餐要耐心等待，不大声讲话；在食物少的情况下要照顾他人，一次不能取得太多；可以多次选择，但不能浪费。四是保健医带领厨房师傅研究自助餐制作和食物的科学搭配，保育组研究孩子餐桌如何摆放以便于孩子取餐等。

每一次自助餐后，我们都会组织相关人员进行研讨，反思存在的问题，并及时调整，如班级自助餐的文化环境创设，自助餐礼仪引导，针对家长的问题在QQ群、微信中开展讨论，宣传自助餐文化对孩子的影响等。

通过一次次的自助餐活动，孩子们由刚开始的不会选择、不会搭配，逐步发展到同伴间相互介绍食谱："这个土豆丝很好吃，你可以尝尝。"家长也从最开始的大声指挥转变为放手、建议。因此，孩子们越来越喜欢自助餐，自然，每月一次的活动就成了孩子们最期盼的。

由此，我们可以发现幼儿园教育并不是孤立教育，需要家长的参与和家庭教育的共同参与、共同合作。只有家庭教育与幼儿园教育在方向和方法上达成一致，才能达到最理想的教育结果；也只有家长认同幼儿园教育的理念和方式，共同合作，才能使对孩子的教育达到事半功倍的效果。

毫无疑问，作为家长，作为教育者，我们都希望孩子能够全面发展、快乐成长，拥有美好的明天。在我们给予孩子无限的爱的同时，我们更需要明白"授人以鱼，不如授人以渔"的道理，给孩子再多的钱或财产，都不如给他奋斗的意志。在孩子成长的路上，我们需要教会孩子很多，学会选择便是其中一样。在自助餐刚开始时，不少家长看到孩子不选肉食，急忙帮助孩子选择鸡腿、排骨，孩子吃不完，不但浪费粮食，也伤害了孩子的自尊心。但随着自助餐教育活动的深入，家长们渐渐懂得了放手，孩子们便逐步学会了自主选择，学会按照自己的心愿去选择，荤素搭配地吃饭，做到健康科学；进餐中更是自觉遵守自助餐原则，根据自己的口味选取食物，吃多少取多少，不浪费食物，树立了节约意识，养成了节约习惯。

其实，对于孩子们来说，每一个小小的选择都是他们获得自我、认可自我的机会。我们需要给孩子们创造并提供这样练习选择的机会，所提供的选择对象并不一定是大的事情，也可以是生活中的小事，如今天穿哪件衣服、看哪本书、听哪个故事、玩哪件玩具……当然，如果条件允许，由他们自己安排活动那就再好不过了。相信不断进行这样的练习，孩子们在以后的选择中，将更加谨慎、周全。

焦虑的妈妈

侯廷雪

常在小班的老师都会知道，每年新入园的孩子，在开学初最容易出现的问题就是分离焦虑。但是我却迎来一位有分离焦虑的妈妈。

这位妈妈是糯糯妈妈，在最初接触时就给我留下了深刻的印象。通常在开学前一个月我们会召开一次新生家长会，糯糯妈妈在家长会中表现格外不同，她表情十分严肃，从头至尾听得非常认真。开学前一周，我意外地收到糯糯妈妈的短信，短信的内容传递了糯糯妈妈对糯糯开学后可能不适应、不能照顾自己、不能和别的孩子愉快相处的担忧和焦虑，甚至她的这种担忧、焦虑蔓延到就连给糯糯衣服上绣名字、鞋子上写名字，都要反复跟我确定。

感受到糯糯妈妈的担忧和焦虑，开学后我便对糯糯格外关注。但是超出我想象的是，糯糯表现得特别好，适应能力很强，跟同伴相处得也相当不错。就在我以为糯糯妈妈的焦虑在看到糯糯在幼儿园状况良好后就会自然消除时，一件意想不到的事情发生了。

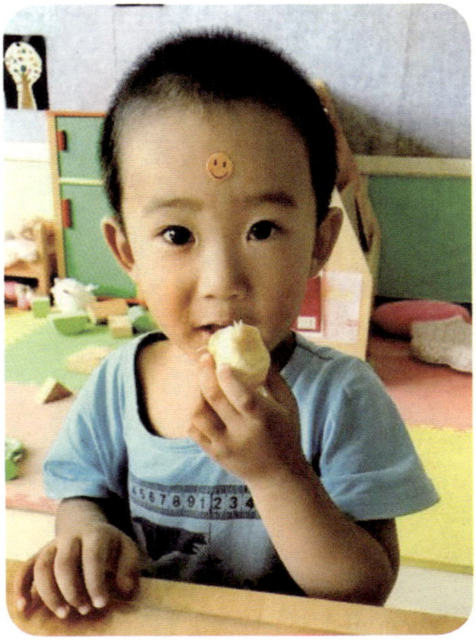

在11月的一天，早入园时糯糯突然迟到一个小时，来了之后也不像往常一样开开心心，而是眼睛红红地走进来。我觉得奇怪，就问糯糯妈妈："怎么回事？"糯糯妈妈说："睡得不好，今天有点儿闹情绪。"然后她不再多说什么，转身走了。听了糯糯妈妈的话，我深信不疑，也认定糯糯是没有睡好的缘故，认为给糯糯一点儿时间就会好起来。

但第二天糯糯比前一天来得更晚了。到了班门口，糯糯甚至跟妈妈大哭大闹不愿进来。我十分疑惑，走出去接糯糯并问道："今天怎么了？是不是有什么事？"糯糯妈妈没有说什么，糯糯也一直在大哭。看着糯糯一直哭，我十分心疼，便想让她先去班里。可是，当我去接糯糯时，她却向后躲，经过劝说后才跟我去班里，而且一直在小声地哭，一边哭还一边看外面。我试着问她怎么了，发生了什么事。但糯糯只是哭，没有回答，突然我顺着她的目光看到了糯糯妈妈的身影。意外于糯糯妈妈没有离开，于是我请另外一个老师照看糯糯，走到门口问道："糯糯妈妈，发生了什么事吗？"糯糯妈妈说："孩子这两天有点儿闹情绪，不想来幼儿园。"我很疑惑，继续问道："孩子说什么了吗？有什么影响她情绪了吗？"糯糯妈妈说："没什么，就是在闹情绪，不想来幼儿园。要不我把孩子接回去吧。"听完糯糯妈妈的话，我意识到现在急需解决的问题不是糯糯的情绪，而是妈妈的焦虑。

于是，我对糯糯妈妈说："如果今天您把孩子接回去，明天可能就送不进来了。"听完我的话，糯糯妈妈瞪大眼睛问："为什么？"我想，她可能误以为我不想要这个孩子了，忙说道："您看，昨天孩子来晚了，就是在闹情绪吧。" 糯糯妈妈沉默地点点头。"昨天晚了一个小时，今天又多晚了半个小时。如果今天您把孩子接回去了，那明天孩子哭的时间肯定更长，您需要考虑清楚，今天确定要接孩子回去吗？"听了我的话，糯糯妈妈十分为难，既心疼糯糯现在哭得伤心，又担心糯糯的以后。但经过半分钟的思考后，糯糯妈妈没有让我失望，她一跺脚，果断地转身离开了。

当天糯糯在妈妈走后一小会儿就不哭了，很快和同伴们玩在了一起。考虑到之前糯糯妈妈的状态，而且听别的老师说，昨天糯糯妈妈也在班门口躲了好长时间，最后在老师的劝说下才离开，所以放学后我没有直接联系糯糯妈妈，而是联系了糯糯的爸爸。和糯糯爸爸了解了情况后我才知道，原来糯糯妈妈看糯糯入园后的情况比较稳定了，打算出去找工作，正是这个消息影响了糯糯的情绪。在了解了糯糯和糯糯妈妈的状况后，糯糯爸爸决定回去和糯糯妈妈、糯糯聊一聊。

第三天早上，糯糯妈妈和糯糯很早就出现在了班级门口，虽然看着糯糯的眼睛还是有点儿红红的，肯定哭过，但是进了班后，糯糯就像之前一样，开心地和同伴们玩在了一起。而糯糯妈妈决定再晚一点儿找工作，也不再那么焦虑了。

通过这件事，糯糯妈妈发现我们不仅关心糯糯，还关心她，对我们有了更多信任，之后我们相处起来就像家人、朋友一样。到糯糯升班时，糯糯妈妈得知我还留在小班，第二天便早早地来到原来的班上找我，紧紧地抱着我说："太舍不得您了，谢谢！谢谢！"其实，不仅孩子们会焦虑，同样家长也会。我们都知道家长在孩子的成长过程中起着重要作用。作为幼儿教师，我们用专业知识和耐心去帮助家长，其实更深层次的，我们是在帮助孩子，给孩子营造更好的成长、教育环境，实现我们顺和幼儿园最重要的目标——建构一个让所有参与者都获得发展的共同体。

“拯救”挨饿的毅毅

张永畅

小班入学初，孩子常出现挑食问题，但是我发现，毅毅的挑食程度更甚于其他孩子。为什么如此说呢？是毅毅“与众不同”的行为告诉了我。

在经历了一个多星期的幼儿园生活后，大部分孩子已经开始适应并能坐到座位上吃饭了。只有毅毅，洗完手后站在活动室的门口，怎么叫都不进来，甚至别的孩子已经吃上了，他还是不肯进来。再去引导他，他直接哭了，一边哭还一边大喊：“我不吃，我不爱吃。”无奈下，我只好先耐心安抚他，再慢慢引导他。到了中午吃饭时，毅毅虽然坐在了桌前，但只吃了两小勺米饭，一口菜都没有动。而且通过一周的观察，我发现毅毅爱吃的只有红薯、米饭还有肉，除此之外他什么也不吃，甚至如果当天没有他爱吃的，他能饿上一整天。

显然，毅毅的吃饭是个大问题，对此我十分担忧，决定先与家长沟通，了解毅毅在家进餐情况后再想策略帮助毅毅。通过与毅毅的爸爸、妈妈沟通我了解到，毅毅在家同样如此：遇到喜欢的就能够吃饱，不喜欢的一口都不吃。而且毅毅奶奶比较宠毅毅，为了让他吃饱，都是他想吃什么就做什么。了解情况后，我向毅毅的爸爸、妈妈陈述了他在幼儿园常挨饿的情况。听闻后，毅毅的爸爸、妈妈意识到问题的严重性，决定回家和毅毅奶奶沟通，想办法帮助毅毅解决这个问题。

这次沟通后，毅毅的爸爸、妈妈开始正视毅毅的吃饭问题，在家开始注意引导他，并且不再只做他喜欢吃的东西。与此同时，我也在观察毅毅，发现他有了一点儿进步，能够吃得多一点儿了，但还是只吃自己喜欢的几样食物，每天还是吃不饱的状态。我知道，问题并没有得到很有效的改善。于是，我再次找到毅毅的父母，当然首先我肯定了毅毅的进步，然后我如实将毅毅的情况告知。了解了毅毅在幼儿园的情况后，毅毅的爸爸、妈妈告诉我，现在毅毅每天都盼着下午放学回家后吃奶奶做的那顿饭。他们打算把晚饭给停了，不再让奶奶单独给他做晚饭。

我意识到毅毅的爸爸、妈妈可能没有更有效的办法，但幸运的是，从他们的态度我发现，他们已经充分认识到挑食对孩子身体健康的重要影响并决心改变，这一点对于帮助毅毅来说非常重要。于是我提出建议，和毅毅的父母商量了以下措施，并约定先尝试一周。

一是每天带毅毅一起到市场购买食物，请他帮忙挑选当天要吃的菜。

二是让毅毅和家长一起捡菜、洗菜，参与到做饭的过程中，激发他对饭菜的兴趣。

三是将食物切成各种形状，可以是蔬菜小人、小汽车、雪花片等孩子喜欢的形象，并给饭菜取一个好听的名字。

四是增加家庭食物的种类、扩大食物圈，尽量变换饭菜花样。

五是给毅毅看一些关于蔬菜的动画片、绘本，全家人比赛吃蔬菜。

六是控制毅毅吃零食，尤其不要在饭前半小时给他吃零食。

七是全家一起用超轻黏土制作各种蔬菜或者在家里尝试种植简单易活的青菜，让毅毅负责照顾养护。

为了确保这些措施的有效实施，毅毅的爸爸、妈妈回家和毅毅的奶奶进行了深入的沟通和协商。同时，我也提醒毅毅的父母，在帮助毅毅时，要掌握好度。既要给他挑选食物的自主权，也要给予适当的建议，不能完全放任；如果毅毅拒绝吃不喜欢的菜时，全家人要坚持原则，态度一致。

在严格执行措施一周后，毅毅的挑食问题在全家人的配合和努力下得到了改善。一个月后，毅毅不仅不再挑食，还会在挑选蔬菜时提醒爸爸、妈妈注意营养搭配。而在帮助毅毅的过程中，毅毅的爸爸、妈妈也认识到家庭环境带给孩子的影响。我想，教育中最美好的画面便是这样：家长是教师了解孩子的最好信息源，教师以专业辅助家长，两者亲密合作，共同教育孩子，形成同向、同步的教育合力，使教育的连续性和有效性得到很好的保证，最终让孩子成为受益者，真正实现我们教育理念中倡导的全面发展、快乐成长。

我们是一家人

魏俊平

在顺和幼儿园，我们和家长的关系亲如一家人。为什么能用家人来形容我们和家长的关系呢？我想，您看看下面几个故事就知道了。

老师，你们真会玩

这周连续几天，老师们都在晚离园后来到操场上，研究如何将现有材料做出更多既有挑战性又好玩的组合，并且每个组合都设计有相关的游戏情境。

一天，豪豪的爸爸接孩子晚了，看到老师们在操场上“玩”，便好奇地领着孩子在操场上观看。看着操场上的老师们时而游戏，时而四处找材料，豪豪爸爸向自己班的老师问道：“李老师，你们真会玩！这会儿怎么不玩了？”李老师坦言相告：“刚才我们在研究明天要为孩子们创设的户外挑战游戏环境，但现在缺少长板子，这个长板子可是用来促进孩子们平衡能力发展的。现在老师们都停下来，是去寻找能代替的材料。”豪豪爸爸忙说：“李老师，我能帮你们。我舅舅家是做木材的，你们要多宽多长的板子？要多少块？我现在就回去让他们给你们准备。”听到这个好消息，老师们很快列出三个长宽不同的尺寸，但在写厚度时却犯难了。见状，豪豪爸爸体贴地说：“老师，没事，我过去问问他那儿的木工师傅多厚才够用，最迟明天早上8点半送来。”说完他带着孩子向老师们道别后就迅速离开了。

第二天一大早7点不到，豪豪爸爸就拉来了几块木板，除了之前老师们写的尺寸，他同时还多带了几块不同尺寸的。考虑到之后幼儿园可能还有需要，他主动说：“再有需要木材的时候还可以找我，无偿提供。”对于豪豪爸爸的举动，园领导和老师表示非常感谢。但豪豪爸却说：“幼儿园的每一处环境创设都用尽心思，这次看到老师们用心研究，更加感受到幼儿园、老师对孩子们的爱和付出。为了孩子的发展，我只是做了一个家长该做的一点点。该感谢、感恩的是遇到这么好的幼儿园，遇到这么努力的园领导和老师。”

后来，豪豪爸爸又陆续为幼儿园无偿地提供了宽板和松木，支持孩子们的挑战游戏活动，而我们的关系也因此变得更加亲密。

家长有事找

下午4点多，“铃铃铃……”办公室电话突然响了起来。我拿起电话，里面传来中班王老师的声音：“魏园长，我们班家长找您有事说，她现在能过去吗？”我回答道：“好的！”但我还没来得及问是什么事，电话就挂断了。从电话里传来的其他声音我能判断出，教室里此时正在做孩子们离园前的晚检，究竟家长找我是什么事呢？我的脑海里飞快闪现出诸多可能出现的问题，心情逐渐开始紧张起来。尽管如此，我还是习惯性地打开门，尽快调整好自己，准备迎接家长。抬眼看去，我看到保安班长引着一位妈妈向我走来，见到我，他向家长介绍道：“这是我们魏园长，你们谈，我回去准备组织离园了。”

在互相问候之后，我得知这位妈妈是中三班霄霄的妈妈。交谈中，她有些腼腆地说明来意：“园长，我看幼儿园操场上有很多大油桶，我问过霄霄，他说是做挑战游戏用的，他很爱玩。我们单位有很多这样的大油桶，我过来找您主要是问咱们幼儿园是否还需要。我和单位领导沟通了，如果需要可以免费送给咱们幼儿园。”“谢谢您，这么用心！院子里的油桶是我们从回收站买的，既物美价廉又能给孩子带来欢乐。我们采购的时候回收站里只有这些，您单位可以提供那就更好了。您看我们什么时候安排车去您单位拉？”“大约需要多少个？我到时直接用车给幼儿园送来。”“有40个左右就够用了，我代表幼儿园、老师和孩子们向您表示感谢。”“不用，不用，举手之劳，幼儿园这么用心地对孩子，我们家长能做点儿力所能及的事是应该的。”

第二天中午12点多，保安班长找到我说：“昨天的那位家长拉了一大车油桶来了。”听完，我赶紧跑过去帮忙，一起将油桶安置在操场上。事后，我们得知家长是下班后自己打车送过来的，甚至没有吃午饭，十分感动。之后，班级老师想要将打车钱给霄霄妈妈，但霄霄妈妈拒绝了，直接回复道：“我们都是一家人。”

我可以让葡萄长得更好

昊昊奶奶是我们幼儿园家委会的成员之一，在孩子还没入园时，她就和昊昊爷爷花了很长一段时间对我们园的环境和老师的工作做了深入的调研。调研后，她对我们幼儿园的每一处环境都很欣赏，对老师的工作更是肯定。

在昊昊入园后，昊昊奶奶不仅积极配合工作，更主动提出要担任家委会委员一职。在一次进园提前接孩子的过程中，昊昊奶奶在保安带领下快步去找还在操场游戏的孩子，在经过葡萄种植园时她意外地停下了脚步，仔细地看了又看。不久后她单独找到园长说：“幼儿园的葡萄长势很好，但是还有不足，我能让葡萄长得更好。”在和昊昊奶奶前往葡萄种植区的路上，我们得知她喜欢种植葡萄，并自学了一些相关的知识，掌握了一些种植葡萄的实践经验。

到葡萄种植区后，昊昊奶奶依据经验分别说出了每一棵葡萄树的树龄和品种，并向园长建议道：“幼儿园的葡萄长得不错，不过缺少管理，比如需要梳理枝条，需要重新为葡萄搭适宜它们生长的架子。如果您同意，我愿意承担起这个活儿。”园长当下就同意了，并表示她可以指导幼儿园里的师傅们做。但昊昊奶奶却说：“我看到幼儿园里每个人每天的工作都很忙碌，我和老伴用不了一天就能完活儿，这也是家委会该为幼儿园做的。”说完她立即就给昊昊爷爷打了电话。没过几分钟，昊昊爷爷赶了过来，老两口马上干了起来。很快，他们就分析计算出葡萄架的用料，向园长报出了所需竹竿的尺寸、数量等，表示只要材料到齐，他们马上就能做。

材料备齐后，我们第一时间告诉了昊昊奶奶。第二天一大早，老两口将昊昊送进班级后就径直走向了葡萄种植区。在那里他们干劲十足，整个上午几乎都没有休息过，中午他们在吃完饭稍事休息后就又开始了后续的工作，一直干到下午，老两口用了六个多小时，就将葡萄园变了个样，光照、透气等比以前都好。到了夏天，我们看到长出的葡萄比往年的要更多、更大、更甜。

老师，我们干点儿什么？

2018年，我园要验收一级一类示范幼儿园，因此，全园教职工在做验收准备工作的这个阶段比任何时期都要更加忙碌。那个阶段，家长们在吃完晚饭散步回家经过幼儿园时，经常看到的是老师们刚刚下班或是班级教室的灯依然明亮。尽管知道幼儿园要验收一级一类园，但家长们没有想到老师们这么辛苦。特别是当他们了解到每天的带班时间老师要全心全意组织孩子活动，而一些环境创设与美化的调整工作及第二天的教学准备等工作只能在孩子们离园后才能安心做时，家长们便主动提出要为幼儿园验收一级一类园做贡献的请求。

收到家长们的请求，家园工作的负责人李老师特意组织家委会成员观察调

研了幼儿园的每一处环境，过程中，有些家委会成员细心地拍下了各个角落的照片发在班级家长群里，和所有家长们进行商议。最后，家长们提议由他们带领孩子一起，为幼儿园的轮胎做“衣裳”。在之后的连续几天里，每天都有家长和孩子一起给轮胎做“衣裳”。在家长和孩子的共同努力下，我园二楼、三楼运动平台及孩子们常玩的区域里的轮胎都焕然一新了。

讲到这儿，我想讲述的几个故事就结束了。其实，我常思考，为什么我们能和家长亲如一家人呢？我想，就是你心换我心、真心换真心的结果。当我们全心投入教育事业中，用爱和专业去呵护、引导孩子时，家长们感受到了我们的真诚和用心，自然就十分信任、支持我们了。而我们最终也将实现家园和谐、师幼共生的目标。

“顺和快递”

张雪征

2017年9月开学后，我发现大班的孩子们每天交流的话题都与快递有关。从他们的闲谈中我总能听到一些这样的话：“这是我妈妈从网上买的鞋子。”“网上的东西很多，而且快递很快，今天买，明天就能送到家了。”“我妈妈今天从网上买了衣服，很漂亮。”“我爸爸是送快递的。”……从这些话中我们不难发现，网购和快递已经与孩子们的生活发生了密切的关系，并且孩子们对它们产生了浓厚的兴趣。那怎样利用这些让孩子们收获更多呢？

结合时下的流行元素与《3 ~ 6岁儿童学习与发展指南》中的目标要求，在和孩子们商量后，我决定在班级中新增设一个区域——快递公司，请孩子们设计并运营。刚开始，孩子们对开快递公司表现出十分兴奋且信心满满的样子，但很快他们就发现，关于快递公司是什么样子，快递员的工作内容，快递包裹如何运送……这些他们并不知道。那如何去了解这些呢？孩子们展开了讨论，但似乎并未找到更好的方法。就在大家为此苦恼时，一次完美的体验机会突然降临了。

在一天清晨，然然爸爸一反常态地送然然来上学。平时我经常听然然说他的爸爸总是出差，一走就是很多天。而这次，然然爸爸不仅送然然来上学，还站在旁边一直没走。做完晨间接待后，好奇的我马上向然然爸爸发出询问。见我不忙了，然然爸爸这才说道：“我就是想跟您沟通一下‘快递公司’的事，我听然然说班里要开一个快递公司，但是大家都不了解快递员的工作内容，我可以在这方面给您提供一些资源和帮助……”通过这个简短的沟通，我才知道，原来然然的爸爸是快递公司的经理，知道我们要开展与快递相关的活动后，他表示平时工作太忙，这是力所能及且难得的机会，他想要为班级和孩子们做一些贡献，非常愿意为孩子们提供参观的机会及各种学习、游戏的材料和资源。

无疑，这对我们来说是个天大的好消息，而且能够到真实的环境中进行了解，这将有利于刺激孩子们的思维。于是当天下午，我就迫不及待地加了然然爸爸的微信，和他商量孩子们去参观的相关事宜。之后，经过多次调整协商，我们终于确定在一个周末前往然然爸爸的快递公司进行参观。参观前，公关阿姨特意来园进行了充满童趣的讲解。正式参观那天，孩子们轻松而愉快地出发了。有之前公关阿姨的讲解基础，再在快递员叔叔的亲身示范下，孩子们很快了解了快递员如何包裹物品、怎样填写包裹单、怎样收发包裹单、如何进行礼貌沟通、怎样派送包裹等工作内容和流程。

再次回到班里设计并运营“快递公司”时，孩子们已然胸有成竹，他们将“快递公司”命名为“顺和快递”，并全情投入其中。而然然爸爸又为孩子们送来了大量崭新的快递包装盒、包装袋、胶带等材料，还特意抽出时间和孩子们一起创设“顺和快递”的区域环境。最后，在然然爸爸的大力帮助下，孩子们仅用了短短两周时间就将“顺和快递”弄得有模有样，并乐此不疲地扮演着快递员的角色。通过一次次的演练，孩子们对快递的工作内容和流程从生疏变得驾轻就熟；也通过填快递单、打包、包裹派送等这些真实的体验，孩子们学会了很多礼貌用语和与人交往的技巧，萌发了较强的责任感和任务意识。

看到孩子们乐于其中并收获颇丰，我们非常开心。当年末的一天然然爸爸又来送然然上学时，我代表班级所有孩子和老师再次向然然爸爸表示了感谢。但然然爸爸却对我说："应该说感谢的是我们家长。通过这次活动，我更加能够理解你们工作的琐碎与复杂，我也从孩子的一步步成长中体会到你们的良苦用心。相比你们的付出而言，我做的事情不值一提。以后，只要幼儿园需要，我绝对无条件支持！"之后，然然爸爸也像他说的那样，用他的行动无条件支持着幼儿园。在幼儿园准备升级升类的验收工作时，然然爸爸为幼儿园捐赠了进行环境创设所需的所有纸箱，并带动了其他家长自愿为幼儿园升级升类的验收工作贡献自己力所能及的力量。

幼儿教育是一件很复杂的事情，不是家庭一方面可以单独胜任的，也不是幼儿园一方面可以单独胜任的，必定要两方面共同合作才能得到充分的功效。在顺和幼儿园，我们的办园目标就是建设一个家园和谐、师幼共生的成长共同体。尊重孩子，关注孩子的发展，以尊重、平等、合作的原则与家长沟通交流、支持合作、资源共享，共同形成教育的合力，使家园和谐、师幼共生就是我们要做的。

体验式家长会

皮佳媛

《幼儿园教育指导纲要（试行）》中明确指出："家庭是幼儿园重要的合作伙伴。应本着尊重、平等、合作的原则，争取家长的理解、支持和主动参与，并积极支持、帮助家长提高教育能力。"显然，幼儿园开展家长工作十分重要，也十分必要。那如何做好家长工作呢？不断创新工作思路，改进工作策略就是有效的方法。这一次我们就有所创新、别开生面地开了一场体验式的家长会。

这场体验式的家长会，不是你说我听而是沟通互动，不是单纯用耳而是充分用心，不是一人会而是全体会，不是侧重智商而是以情商启动智商，充分体现了现代教育的理念。相比以往传统的家长会大都是教师"一言堂"，家长只是长时间坐着听，状态完全被动的状况而言，它打破了传统的家长会的模式，不仅能克服"一言堂"的单调乏味，还充分调动了家长的主动性、积极性，让家长保持愉悦、全身心地投入家长会中。

下面，我就来分享在这次体验式家长会中我所采取的具体策略。

以游戏引导家长与教师相互信任

游戏一：你做我猜

游戏规则为：10位家长共同参与，由我向第一位家长出示一个短句，然后这位家长用动作展示给下一位家长，后面的如此重复，一直传递至最后一位家长，而最后一位家长要说出这个短句表达的意思。

游戏后，我向家长们提问："请各位家长联想一下，这个游戏想要传达什么呢？"（家长畅所欲言）

在大家各抒己见后，我说道："生活中很多事情有时我们并不能一下子就全面了解，往往因为每个人的理解不同，事情的结果就产生了很大差异，所以我建议无论是老师还是家长在遇到事情时都应该再多思考一番。例如，孩子回家模仿或和您谈论一些您认为不妥当的事，您先不要着急生气，可以再多问问孩子或向我们询问事情的缘由。毕竟有时候孩子因为他们目前语言能力与认知水平的关系，并不能将事情完整、清晰地表达出来，也许当我们细问孩子或主动沟通后，我们会发现事情并不糟糕，自然误会也就没有了。当然，如果真的出现问题，那坦诚地面对、积极地解决就是我的态度，我希望我们所做的一切都能促进孩子们更好地发展。"

游戏二：千千结

游戏规则为：请10位家长手拉手围成圆圈，同时记忆自己左右两旁的人；然后打乱顺序，请家长分别找出之前自己身旁的两人，重新围成圆圈。

通过这个游戏，我和家长们分享的是："我认为在我们因孩子聚到一起时，我们就如同那个圆圈一般形成了一个大家庭。在这个大家庭里，我们的共同愿望是希望孩子能够健康快乐地成长，这一点毋庸置疑。因此，作为这个家庭的重要成员及养育孩子的重要担当者，我们有义务与责任为孩子塑造良好的成长环境；作为孩子行为和思想的直接影响者，我们必须谨慎思考我们的行为，特别是当我们面对一些问题或不好的事情时，我们采取怎样的行为应该要仔细思考：不仅要思考我们行为的目的是什么，还要思考我们的行为对我们这个家庭的影响，它是否能够真正帮助和保护孩子？我始终相信，只要理智、坦诚地解决问题，不管多么糟糕的情况都会变得好起来。毕竟，我们都希望孩子们越来越好！"

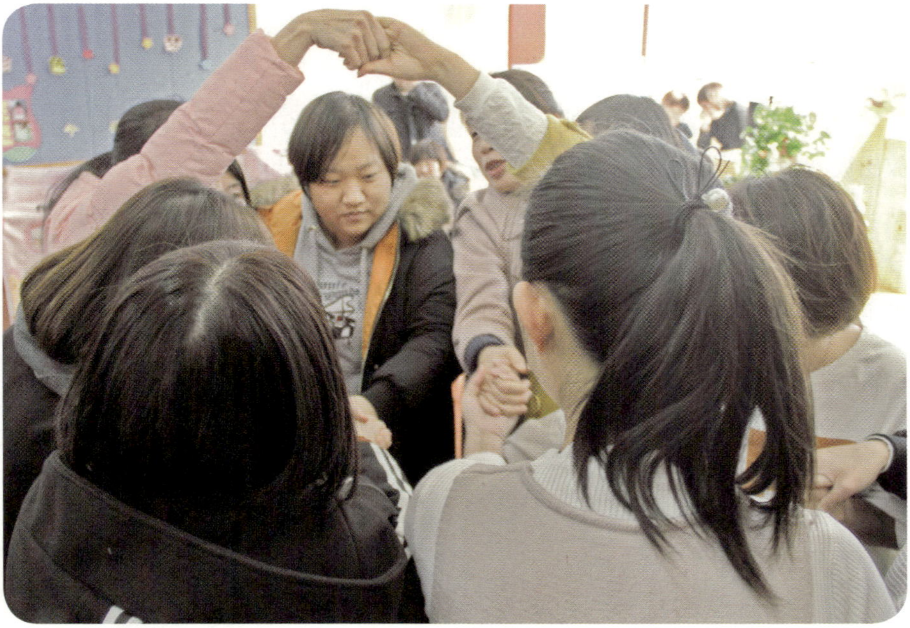

游戏三：请你相信我

游戏规则为：请家长接住从高处躺下的江老师。

游戏后家长们都说了一番在游戏过程中的想法与感悟。其实，做这个游戏，就是一场向家长们的“告白”：“各位家长们，其实就像游戏中江老师全然信任大家一样，我们也完全相信你们，因为我们知道没有人比你们更爱孩子了。而且一直以来，我就认为家长是我们和孩子最大的支持者、最强大的后盾、最有力的鼓舞者。我们常常因为你们一句温暖的话，一个甜甜的拥抱，一个轻轻的拍肩安慰而开心着、被激励着。我们希望能够获得你们更多的信任，与你们成为合作者、同行者抑或是亲人、朋友，共同为孩子们的健康、快乐成长保驾护航。”

分组讨论，以问题促理解

问题一：您希望在孩子眼里您和老师的关系是怎样的？

如果想达成这样的关系，我们之间该怎样做？

问题二：您觉得幼儿园教会了孩子们什么？

通过问题我们引导家长真正了解什么是幼儿园教育、幼儿园怎样做教育、家庭中可以用什么方式教育孩子……进一步加深家长对我们的理解与信任。

互动问答

在此环节中，家长公开向教师提出问题，教师坦率、诚恳地做出回应，释放出彼此积压的不解与疑问，加深家长与教师间的信任。

我发现在这次体验式的家长会后，家和园的沟通桥梁更宽了，家和园的配合更积极了。对于建设一个家园和谐、师幼共生的成长共同体的目标，我们迈进了一大步并稳步前进！

这个雨夜不太冷

大一班张妮可家长

一阵气流颠簸过后，飞机冲破云层，窗外不再是乌云和雾霾，映入眼帘的是一朵朵可爱的棉花糖云朵，阳光镶嵌出金黄的云边，反射到我的瞳仁中央。这不禁让我想到了大女儿Coco的幼儿园教会她的那首《金色童年》，隐约记得每周仅有的几次送Coco去幼儿园时，在快到达班级门口的走廊里就有几朵如我眼前云朵般的玩具云朵。

其实，每次出差我都会不由自主地想到Coco的一些片段，比如她坐在汽车后排演唱歌曲，和妹妹过家家，和妈妈讲述幼儿园的趣事。作为父亲，我最想和她一起拥有的回忆是将来有机会和她一起去自驾游，只是自驾游这个目标还需要很多年才能实现，毕竟Coco还太小。

就在我期待、盼望着Coco的成长时，让我惊喜的是，Coco的幼儿园竟然

组织了一场名为“我和爸爸露营”的亲子活动。虽然工作很忙，但这个活动如此合我心意，而Coco也很期待，我们便迫不及待地报名做准备了。

虽然露营地点离家很近，就在幼儿园的院内，并且幼儿园提前很多天就帮家长罗列了物品清单，但我们还是决定让Coco自己提前半天准备。目的一是为了锻炼Coco；二是力争不让家里再给送。在家庭准备会上，Coco说出的物品清单（棒棒奶酪、毛绒娃娃等）虽然看着可笑，但毕竟她是用正确的方式在思考。之后我们梳理了一遍物品清单，然后开始装包，随着最后手电筒的装入，我们的物品准备完毕，高兴地朝幼儿园出发！

到了幼儿园，活动很快就开始了，老师们为了让孩子和家长获得好的体验，除了亲子游戏外还特意准备了一个让爸爸捏饺子的环节。其中，做饺子皮的面粉是园长特意托朋友从云贵高原带回来的一种大家从没见过的面粉，希望让大家尝鲜。

晚饭过后，到了最向往的露营环节。那天天气非常闷热，天黑了我们来到事先扎好的帐篷里，将四周的窗户全部打开后还是热得不停地出汗。受天气的影响，我原本十分快乐也不免打了一点儿折扣，但第一次和同伴在一起住的Coco却十分兴奋。不顾天气的炎热，她和几个要好的朋友在一起玩，一会儿她们进帐篷躺下，一会儿她们又出去玩，互相到各家的帐篷串门。终于，几个回合下来孩子们困了，而气温随着夜的到来也下降了。在一片宁静中，我们躺在幼儿园足球场上的彩色帐篷里熟睡了。

然而，有意思的是，没睡两个小时，天公不作美，下起雨来了。大家有的收帐篷，有的打电话，在一片嘈杂声中Coco也醒了。我问她“冷不冷”，她摇摇头。我说：“如果是真实的露营，就算下雨了，我们也只能想办法让自己在帐篷里面舒服地睡着，然后元气满满地拥抱明天早上的太阳。”我说的这些尽管Coco没有全懂，但她知道我们不能回家，要继续睡，于是和我靠得更近了。我搂着她，想再讲一些大道理，但看着再次熟睡的Coco，仔细想想其实每个年龄都应该有每个年龄可以解读的东西。这种不同维度所形成的反差，便是童趣、天真、神秘，难以解释，这正是她们所拥有的最奇妙的东西！

第二天清晨，我们睁开双眼，晨光照在帐篷绿色的棚顶上，把雨水和露珠照亮，就像无数个小水晶灯一样。Coco走出帐篷，兴奋地大喊：“爸爸，爸爸，有惊喜！”我出来一看，原来是老师们半夜没有睡觉，偷偷地把礼物放在了每个帐篷门口，以此鼓励每个坚持下来的孩子。见到此景，我由衷地认为Coco能在这样一个幼儿园度过童年是一件幸福的事！

此时，陈园长走过来笑着对我说：“我们知道现在父亲们都工作忙，但是孩子的成长离不开父亲的陪伴，我们举办这样的活动就是希望父亲和孩子们能体会更多不一样，一起面对更多的不确定。”

是啊，生活不也一样充满不确定性吗？我们在每个生活的十字路口所做的选择，构成了今天生活的画面。而孩子们要拥有正确选择的能力，就要从小埋进一颗颗种子，待孩子逐渐成长，经由认知的增强和兴趣的发展，他们会自行决定让哪颗种子发芽！

从焦虑到放心

小一班陈鸣翀家长

在孩子快上幼儿园之前，我们家长总有许多焦虑：孩子能不能吃饱吃好？孩子会不会被老师喜欢？孩子能不能和其他孩子和平相处？上幼儿园前应该教孩子点儿什么？……每当想到这些感觉我的头发就要掉不少，难以缕出个头绪。

但幸运的是，我们遇到了靠谱的顺和幼儿园，随着与顺和幼儿园老师们的接触，我的焦虑随风逝去，被抛到九霄云外了。究竟顺和幼儿园如何靠谱呢？下面我就用事实来说一说。

靠谱事实一

顺和幼儿园在宝宝开学前的暑假就召开家长会，对比有些幼儿园是在开学的前一天或是开学的第一天开家长会，这个细节就足以体现出他们的用心和体贴了。而因为有这样一次家长会，我们对幼儿园的伙食、师资、特色等有了系统的了解，减少了许多焦虑，更有一个暑假的时间可以按照老师的要求调整孩子的作息时间，帮助孩子练习入园前需要掌握的技能。

靠谱事实二

幼儿园里的伙食不错。

一次我问儿子："你为什么那么喜欢上幼儿园啊？"儿子不假思索地回答："幼儿园的饭好吃啊，幼儿园的饭好香。"额……我尴尬了，我嫉妒了，我惭愧了，我彻底放心了。

其实，在第一次开家长会时顺和幼儿园就介绍了伙食，孩子们每天要在园里吃五顿饭：早饭、加餐、午饭、加餐、晚饭，加餐有酸奶、坚果、水果等。一天下来孩子们能吃到二十多种蔬菜和水果，最特别的是每月孩子们还能吃到两次自助餐。初听下来我就感觉很不错，现在从儿子的话中更印证了顺和幼儿园的伙食确实不错。

靠谱事实三

为缓解家长的焦虑，让家长更懂得如何教育孩子，幼儿园贴心地为我们准备了两场幼教专家的幼儿教育讲座。听完讲座后我受益匪浅，这进一步减轻了我们对孩子教育的焦虑情绪，让我们在孩子的教育上少走了许多弯路。而且通过专业人士的讲解，我们更好地理解了幼儿园教育中的一些做法，畅通了学校、老师和家长的沟通桥梁。

靠谱事实四

足球特色不是花架子。

开学前第一次家长会上，园长在介绍足球特色园时我不以为然，以为就是找个男老师带着踢踢球什么的，这个我都能干。但参加完足球嘉年华后我改变了先前的看法，认识到幼儿园的足球特色并不是花架子，两点事实足以说明：一是带孩子们训练的足球队的教练，他们来自专业足球队；二是小队员们在场上的表现，尤其是大班的同学，有进攻、有防守、有配合，踢球有力道，有顽强的拼搏精神，哪里像是幼儿园的孩子在比赛啊！

靠谱事实五

无论刮风下雨，还是天寒地冻，每天园长和老师都会在校门口迎接到来的孩子们，并互致问候。尽管这些只是小事，但我们从中能感受到老师们对教育的重视，园长对建设一所优秀幼儿园的追求。因此，孩子进入这样的幼儿园，我们家长放心。

靠谱事实六

一次我把儿子的手烫伤了，在班级群里请了假。没想到的是小宋老师还私

信我，询问我：孩子烫得严重吗？这细心的问候让我无比暖心。这种关心体现出老师对孩子像对自己亲生子女般的惦念，这种关心也体现出了老师对自己职业的热爱，把孩子交给这样的老师，我们家长放心。

靠谱事实七

平安夜的时候，侯老师和班上的老师们自费为孩子们准备了平安夜礼物，带领孩子们又唱又跳，过了一个非常愉快的平安夜。我觉得老师们的种种表现体现了较高的人文素养，体现了对教育事业的热爱，有这样的老师，我们家长非常放心。

通过不断和幼儿园及老师们的接触，通过一件件的小事和细节，我从最初的焦虑过渡到了现在的安心坦然。在此，我要再次特别感谢顺和幼儿园及其所有教职员工，感谢你们的辛勤浇灌，相信有你们，祖国的花朵一定能够茁壮成长，将来也必将绽放出绚丽的姿彩！

用爱助成长

中四班张梓璇家长

转眼间，璇璇已经在顺和幼儿园学习、生活一年有余了。在我看来，璇璇这一年多的进步和变化是非常明显和巨大的。她从一个对陌生环境非常敏感、时常默默不语的小孩，变成了一个爱嬉笑玩闹、身怀各种“技能”的中班孩子。噢！确切地说，应该是变成她口里经常说的“中班姐姐”了。当然，这一切的进步，离不开的是老师们的引导、关爱、耐心教育及一切的辛苦付出！想到这儿，我便回忆起璇璇刚刚入园的时候。

那时候，初入幼儿园的孩子们很不适应，班级门口总是在上演着撕心裂肺的分离场景。很多孩子都是老人接送，老人家看到孩子哭，有的舍不得走，有的自己也忍不住抹眼泪。那时，带班的马老师、孙老师和唐老师总是一边耐心地安抚有情绪的孩子，一边做家长的思想工作。最开始的两周，为缓解家长们的情绪，从而更好地帮助孩子，她们将每个孩子在园的表现与家长一一进行详细的沟通，如孩子当天的情绪，吃饭、午睡、玩的情况等。如此多的孩子，做如此详细的记录，可见老师们付出了多大的努力。

我还记得，璇璇在最开始入学的前两周，虽然不哭闹，但是据老师反映，她不跟任何人说话，也不敢自己拿玩具玩，都是老师把玩具筐递到她手里，她拿了之后自己一个

人玩。那时我听到这样的情况说不担心是假的，但在每天接璇璇放学时，看到她很开心，还会跟我分享在幼儿园发生的有意思的事情，我又放心了不少。因为我肯定，她喜欢来幼儿园，喜欢班里的老师，喜欢班里的同伴，只是她需要足够的时间去适应一个新的环境，毕竟对于一个3岁多的小孩子来说，这是个巨大的挑战。非常感谢的是，那个时候我们的老师，非常耐心地去了解每一个孩子的特质，用爱呵护孩子们，并且很快我们就见到了成效。过了两周，老师跟我说，璇璇爱说话了，总是跟几个小朋友聊天。在我看来，这真的是个巨大的进步。这是老师和孩子一起努力的结果，这让作为家长的我真的激动不已！

现在璇璇已经升入中班。刚开学的时候，接到通知，马老师和唐老师要去接手新入学的小班，新任班主任是江老师，还有一位新老师徐老师，只有孙老师随着升班。开学前，我跟璇璇沟通这件事，因为换老师，对她来说肯定是件大事，我担心她不适应，可能对上学会有抵触情绪。但之后，我得知，其实在小班即将结束的那段时间，新的带班老师已经在和孩子们慢慢接触了，这真让我感到意外又贴心。

9月1日开学了，事实证明我之前的担心是多余的，璇璇很适应新的老师，每天依旧很开心。而且对于从小四班升入中四班的孩子们来说，还有个大大的福利就是，中四班旁边的小三班，就是马老师和唐老师新带的班级，孩子们每天都会从小三班门前经过，总能看到马老师和唐老师。对此，璇璇特别高兴，每次都会跟老师打招呼。

而令我更惊喜的是，升入中班才四个月的璇璇，在生活自理能力、语言表达能力、社交能力、动手能力等方面，都有了很大的提升。这个过程，在家园共育方面，我更是深有体会。

前几天，璇璇身体有点儿不舒服，我看她精神头还不错，她也很想去幼儿园，便跟老师说明了情况，让她入园了。这天，老师十分费心，不时叮嘱孩子多喝水，定时观察孩子情况。由于担心孩子的身体状况，下午我还是提前把她接了回来。第二天璇璇请假在家休息，她有点儿沮丧地跟我说："哎，妈妈，我的小花瓣这回该不全了。"我问她小花瓣的由来，原来每天来幼儿园的孩子都能在自己名字那里贴一个心形花瓣，如果一周五天全勤，就能贴出一朵完整的小花来。璇璇这是在担心，她即将失去的那一朵完整的小花。我安慰她说："没关系，我们在家也一起做这样的花瓣。"璇璇听了很兴奋。

之后，我们又聊起了幼儿园，说到明天璇璇要做值日生，对此她很期待。见此我鼓励她，明天不生病就可以当小值日生了。她很乐意做这件事，并且还把值日生的职责都用画给呈现出来，贴在了家里的门上。看到上面画的职责——看小朋友洗手、用水壶接水、给小朋友放袖子、摆酸奶、擦桌子、摆椅子、摆纸巾、扫地之后，我真是惊讶，她竟然能记住，并且还能用画表达出来。我问她："看小朋友洗手是怎么回事呢？"她表演给我看，有模有样地站在洗手池边，对着没有人的洗手池说："谁开大水啦？"搞笑的样子逗得我哈哈大笑。此时，我心里在不停地赞叹老师们的智慧，能把这些生活细节融入教学，真的很棒！要知道有时候孩子一个习惯的养成得要我们苦口婆心反复强调，而可爱的老师们却把这一个个习惯变成了有意思的小游戏，让孩子们乐于接受，并轻松地掌握。在此，我为可爱的老师们点赞！

除了这些外，其实孩子在幼儿园的生活还有很多这样的精彩瞬间，当孩子不经意地讲出时，时常带给我惊喜、感动。谢谢我们最可爱的老师们，谢谢你们用爱陪伴我们的孩子，谢谢你们用爱带给孩子们无限的欢乐！老师们，你们辛苦了！

因为宝儿喜欢

大四班贾钰涵家长

幼儿园是孩子从家庭生活步入集体生活的开始，也是孩子初步树立正确的价值观的启蒙阶段，对孩子的人格塑造有着重要的影响。

初入幼儿园，孩子从众人呵护的状态一下子进入一个讲究平等且陌生的集体中生活，肯定状况百出，问题重重。因此，我们家长常常为这些感到焦虑。但进入顺和幼儿园后，我放下了焦虑，而促使我放下焦虑的正是幼儿园里的一位老师，她不仅是培养孩子各种能力的老师，更是充分给予孩子安全和肯定的天使。非常有幸我家宝儿能在顺和幼儿园遇见了这位“天使”——王蒙老师。

在幼儿园，王蒙老师亲切有爱，懂得因材施教，让孩子更自信、从容、积极、热情、勇敢。

宝儿喜欢美，王老师便每天给她编可爱、俏皮的小辫子，让她越来越喜欢自己，举止间落落大方，越来越焕发自信的光彩。

宝儿喜欢跳舞，王老师便推荐她参加幼儿园里的啦啦操比赛，让她尽情地扭动灵活的身体，展现自己。看她上台表演时那微昂的头，挺直的胸，从容不迫的步伐，不怯不惧的目光，我知道她更自信了。

宝儿喜欢美食，王老师便让她了解美食的制作过程，鼓励她参加蛋糕、月饼、粽子等制作活动。这些活动带给了宝儿非常积极的影响，在家里她开始主动地帮我们做力所能及的家务了。

宝儿喜欢助人为乐，王老师便让她协助做一些小工作，如帮忙一起收拾餐具，倒垃圾，整理玩具，打理教室自然角的小动物、小植物等，让她对周围的人、事、物都保有热情。

宝儿喜欢运动，王老师便推荐她参加幼儿园里的足球队，让她有机会代班出赛，为班级荣誉而战。从足球运动中，她学会了勇敢、耐心、坚毅及团队协作等。

每天回家宝儿第一时间向我说的就是她在幼儿园玩了什么游戏，做了哪些手工，去了什么活动区……看她每天回家如此兴高采烈，带回各种各样、丰富多彩的手工作品，以及那越来越自信的样子，我能感受到王老师对孩子的用心，感受到幼儿园“让孩子在玩中成长”的教育理念在孩子幼儿园生活中的融入。

作为家长，我最想要表达的就是感谢，谢谢在顺和幼儿园能与天使般的王老师相遇，感谢她犹如那灿烂的阳光，温暖着孩子的心灵；感谢她用爱与尊重给予孩子充分的信任，尽己所能地满足孩子的需要与好奇；感谢她庇护孩子的无所畏惧，使孩子从内心深处迸发出真正的力量，为一生的幸福打下基础！

有魔法的老师

小一班尹灵犀家长

灵犀在家有点儿被宠坏了，上幼儿园之前她挑食特别严重，遇到爱吃的就一股劲地吃得特别多，不爱吃的则一口不吃。然而意想不到的是，上了四个月的幼儿园后，灵犀竟然连最讨厌的青菜都爱吃了！究竟幼儿园施了什么样的魔法，让灵犀改变了呢？

我想这得从青椒开始说起。一次在幼儿园，老师开展了一个有关青椒的活动，不仅让孩子们认识青椒，还让孩子们自己动手制作青椒炒鸡蛋并品尝。灵犀很喜欢这个活动，那天她回家后兴奋地对我说：“妈妈，青椒炒鸡蛋太好吃了！”当时听到她这句话，我的眼泪几乎就要夺眶而出！作为一位母亲，对于孩子最大也最简单的期望大概就是身体健康，多吃蔬菜少生病了。可是这么简单的想法在我这里似乎并不容易实现，而老师一个创意的小举动，就轻松解决了这个问题，并让孩子在玩中不仅认识了又好吃又可爱的蔬菜，还用青椒作画，锻炼了动手能力。无疑这是让我惊讶的。然而，没想到的是后面发生的事情会让人更惊讶。

平时，灵犀在家什么都不做，甚至连小便都要妈妈拿小马桶帮助。但是上了幼

儿园之后，不知老师用了什么魔法，灵犀不仅能自己去厕所，自己提裤子，还开启了很多新技能，比如叠衣服、裤子，系扣子，穿鞋等。

在家里，灵犀别说跳舞了，就是做个动作都不爱做，而在幼儿园，在侯老师热情且动作到位、表情丰富的舞蹈的感染下，灵犀不仅舞动了起来，还玩得非常开心。

刚开学那会儿，侯老师问我："灵犀的左眼怎么了？"我说是胎记，侯老师说："真的好特别啊！"当时我非常感动。在之前也有人问过我灵犀的眼睛怎么了，而同样，我说是胎记，但听到的却常常是："哎呀，孩子这样以后会不会自卑？""可以去除吗？"每当有人这么说时我总是十分尴尬。在我看来，灵犀左眼的蓝色十分漂亮，为什么要感到自卑呢？相反，我认为这正是灵犀独特的地方，应该为此而感到骄傲。所以，当我听到侯老师称赞了灵犀的眼睛时，我感动了。我想，只有内心纯净的人才能说出这样的话，不被世俗污染，正面对待一切。作为一个老师，内心真的应该纯净天真，像个孩子一样，因为每天跟孩子们打交道，有时候必须用孩子的思维来考虑问题，才能从孩子的角度出发，真正读懂孩子并与他们沟通。灵犀能在侯老师的班级里，让我觉得非常幸运。

我也曾经是一个幼儿园老师，非常清楚幼儿教师工作的辛苦，三个老师要照看近40个孩子，真的太不容易了。但是三位老师做到了，而且做得非常好。除了侯老师，灵犀也非常喜欢宋老师和阚老师，每天回来都念叨她们。三位老师像妈妈一样，给孩子们爱，让他们健康快乐地成长，让家长们放心。感谢小一班三位老师的辛苦付出！

附录：来自家长们的声音

中二班王慕卿妈妈说

中二班的大朋友们，晚上好！由于住址搬迁，王慕卿不得不转去海淀上学，今天是慕卿在咱们中二班的最后一天，感谢各位老师对慕卿的悉心照料和谆谆教诲。作为一个经常“缺席”的妈妈，老师们对孩子的陪伴时间胜过我，感谢你们把孩子教得礼貌、友善、懂得分享、体谅父母。都说教育的本质是人点亮人，慕卿在幼儿时期有幸遇到中二班的几位老师，他的小小世界被你们点亮，这对他的成长至关重要。

感谢中二班的家长和孩子们，我经常从慕卿的嘴里听到很多可爱的名字，但由于工作忙碌，接送的次数太少，至今也没能全部认得，但这丝毫不影响孩子们带给我的感动和快乐。与大家共同度过了一年半的时间，是缘分更是荣幸，在即将离开这个集体之前，我代表全家人衷心祝愿所有老师和大朋友们新春快乐，阖家幸福！祝小朋友们健康成长，永远被爱包围！

中四班赵迪妈妈说

江老师，谢谢您这一年里对赵迪的悉心照顾和引导。孩子成长了不少，进步了很多，比以前开朗了，也愿意与人沟通了。这些都离不开您的用心付出，由衷地感谢您！

昨天听赵迪说您不舒服，他想做树叶手工送给您，因为我们下班较晚，暂时还没有完成，孩子特别希望假期前能为您送上他亲手做的礼物，也祝您早日康复，多注意身体！

小四班全雅贤妈妈说

我是小四班全雅贤妈妈！

转眼孩子已入园一年了，看着孩子一天天长大、懂事，而且能够平静自如地去幼儿园，开开心心地从幼儿园回家，并嘟囔着说“我要每天去幼儿园”，作为家长，我们打心里高兴，并衷心感谢小四班的马老师和全体老师！

雅贤在入园之前，一直都是我们陪伴长大的。我们是朝鲜族，为此，我们非常担心雅贤在幼儿园与老师及其他孩子的语言沟通问题。在刚刚入园时，我们担心：雅贤将如何度过幼儿园的一天？是否能表达自己的想法？是否适应新的语言环境？是否适应新的组织环境？

非常庆幸的是，幼儿园的老师们给予了孩子无微不至的照顾，也给了我们做父母的无尽安慰。现在孩子已经适应了幼儿园生活，由刚入园时一句中文都听不懂，到目前基本可以与家人、老师、其他孩子表达自己的想法，中文的听说能力有了明显的进步，也养成了许多非常好的生活习惯。如每天早上入园前，孩子可以自己穿衣服、鞋子，见到小区邻居们主动问好、打招呼，帮妈妈整理自己的玩具等。

非常开心孩子在幼儿园能收获这么多变化，在此，衷心地对小四班的各位老师表示感谢，是你们的关心、爱护，让孩子迅速融入幼儿园的集体生活里，并在幼儿园中健康、快乐地成长！

最后，祝老师们工作顺利，身体健康，万事如意！

大二班王子熙妈妈说

我是大二班王子熙小朋友的妈妈宗少霞，熙熙小朋友转眼已经大班了，在顺和幼儿园上学的这两年半里接受了德、智、体全方位的教育与培养，其结果让我们家长相当惊喜，当然，其中离不开老师给予的帮助与教育。

记得孩子在上小班时，由于刚开学，孩子对老师还有陌生感，并不适应幼儿园生活，常不敢表达自己的意愿，导致吃饭时没有吃饱也不敢举手示意。在饿了几次后，孩子开始不愿意去幼儿园，不停地哭闹，怎么劝说都没用。在一次哭闹时，保健医李雪莲老师看到孩子在幼儿园门口哭闹，主动过来询问，我说明缘由后，李老师帮助我劝说孩子走进班级并向班级教师说明了情况。到了中午，李老师更是细心地再次前往班级查看孩子吃饭情况，询问孩子的需求。那天孩子吃了三碗米饭，孩子吃饭慢，班里没饭了李老师甚至还帮助去隔壁班“借”了一碗饭，临走时还提醒老师注意根据孩子的饭量增添。之后，在李老师和班级老师的帮助下，孩子一点点地放开了，敢于表达自己的想法了，真心感谢李老师的帮助，谢谢您！

大一班张妮可妈妈说

参加这次“梦幻军旅行 上阵父子兵”红色夜宿体验活动，老师们的行动真实地让我感受到爱岗敬业的含义，从园长到教师每个人都是发自内心地喜爱这份工作，也让我们感受到了国富民强，让孩子在这样的环境下成长，我们很放心！

大一班张妮可爸爸说

我认为顺和幼儿园举办的这次夜宿体验活动是全北京市幼儿园鲜有的活动。作为一名企业的管理者，我能够想象也能够体会到，组织这次活动园长承受着多大的压力，老师们需要付出多少辛苦。感动的是，顶着这样的压力，我们幼儿园的老师依然全心全意地为家长、孩子服务，坚持将活动进行到底，我相信只有真正懂教育、懂孩子的园长才能做得到。我坚信，老师们的用意不仅仅是一次体验活动，更深远的意义是通过这次父子军旅行活动，在孩子们幼小的心里埋下一颗“红色”的种子，然后慢慢等待这颗种子在孩子心中生根发芽，影响孩子们的一生！

最后，衷心感谢幼儿园为爸爸们创造的这次与孩子独处的机会！感谢老师们的辛苦付出！

大二班田易辰妈妈说

感谢所有的老师们，三年来孩子的点滴成长都和老师们的努力分不开。开心、快乐、释放天性的幼儿园生活结束了，相信孩子们会带着这份自信和快乐步入他们的小学生活。这三年是孩子们宝贵的成长经历，感谢顺和幼儿园所有的老师们，感恩！愿顺和幼儿园越办越好！

大一班邓伟辰爸爸说

尊敬的老师、同学家长、园长妈妈、小朋友们，你们好！

通过大家的努力转发和扩散，所有捐助的爱心善款我们已经收到了，共筹集到了106 345元，解决了我的燃眉之急，万分感谢大家！这笔款项将全部用于伟辰的后续治疗，专款专用，感谢大家的关心和支持！非常有幸伟辰在这样一个充满爱的幼儿园里上学，危难之际大家就像一家人一样团结在一起想办法，出力出钱，我感动得热泪盈眶。

感谢大家，感恩大家！祝宝宝们在有爱的顺和幼儿园快乐茁壮地成长！

大二班王赞淇爸爸说

转眼我的女儿王赞淇进入顺和幼儿园已经两年有余，在这期间，我们高兴地看到了王赞淇在老师的培养下一点一滴的成长和进步。

记得王赞淇三岁第一次入园时，哭了一上午。本来性格外向的她，因为不适应幼儿园的生活，变得内向、不爱说话。又因为缺乏体育锻炼经常生病的关系，王赞淇在小班上学期，累计去幼儿园不到三周。面对这种特殊情况，老师们没有责备，而是及时与我们沟通，灵活变动、因材施教，探讨孩子的教育方法。其中，张永畅老师尤为用心，从孩子小班陪伴至今，不仅赢得了孩子的信任，还成为孩子的好伙伴。

进入大班后，王赞淇变得更加懂事，学会了与人沟通和主动关心他人，语言表达能力有了明显提高。在学习态度上更是令人欣喜：每天回到家她都会主动完成布置的小任务，养成了爱动手的好习惯，尤其是对剪纸、折纸、拍球等都产生了极大的兴趣。在家的时候，她会主动说起幼儿园的小朋友们，会主动说起大张老师教的儿歌、画画，会主动说起小张老师教的折纸、与孩子们的聊天，会主动说起卞老师领他们在幼儿园跑步、锻炼身体，会主动说起郭老师给他们准备的美味炒饭……

进入大班仅半年时间，孩子就与辛勤培养她的老师在朝夕相处下产生了甚至连家长都代替不了的感情。记得国庆长假期间，孩子总不停念叨："我想大张老师了……"孩子还小，她不会施加任何华丽的辞藻，但正是这极为简单的话语，说出了孩子的心声。这一切的一切，都表明她已完全融入了大二班这个集体；老师们的爱，也深深地印在了孩子幼小、纯洁的心灵中。

每当看到王赞淇的种种变化，我们家长在欣慰的同时，更深切体会到孩子的茁壮成长与老师们的关心、爱护、教育、引导息息相关；体验到顺和幼儿园师资力量强、教育环境好、教学质量优、管理水平高。因此，我们的内心充满了感激。

最后，衷心感谢大二班的张雪征、张永畅、卞钧羽、郭玉玉四位老师的辛勤付出与无私奉献，感谢陈桂华园长的科学管理与出色领导，愿顺和幼儿园越办越好、再谱华章！

第八章 社会和

社会和，既是幼儿园整合社区资源，扩大教育的深度和广度，从而促进孩子和幼儿园的发展，也是幼儿园总结自身发展成果，与边贫地区、姐妹园所、国际同仁间的相互交流、相互促进。在顺和幼儿园，我们希望孩子们全面发展、快乐成长，于是我们“走出去，引进来”，以“社”为媒，整合社区资源，开展包粽子活动，让孩子去理发店参观体验，扩宽孩子们的视野，让他们在真实的环境中获得发展；我们希望建设一支会学习、善思考、勇探索、勤积累、乐合作的教师队伍，同时促使幼儿园蓬勃发展，于是我们以开放的态度，与社区进行紧密的合作，协助扶贫，与姐妹园、芬兰代表团交流、合作，最终实现共赢。

“社”为媒

魏俊平

随着社会经济、文化、科技的发展，孩子们获取信息的方式不再单一，幼儿园不再是他们学习的唯一途径，大众传播媒介开始促进他们的发展，其中，社区便是对孩子们影响较大的一部分。因此，在进行幼儿教育的过程中，我们常常注意与社区的合作。在与社区的合作过程中，我们之间发生了很多有意思的故事。

粽为媒

每年端午节幼儿园都会组织孩子和家长一起参与包粽子、编五彩线、赛龙舟等活动，意在让孩子亲身感受端午节这一传统节日的氛围与习俗，传承我国传统文化。

今年参与包粽子的队伍又扩大了，在居委会的组织下很多擅长包粽子的社

区居民也参与到了幼儿园的活动中。为此，幼儿园提前准备了丰富的食材。包粽子这天，家长和居民们进园做好卫生清洁后，立即投入工作状态。孩子们也没闲着，他们有的帮忙理粽叶，有的递线、摆粽子，有的跟着奶奶们学习包粽子。整个活动现场弥漫着糯米、果干、粽叶混合的香气，与一个个忙碌有序的身影融合在一起，形成一幅和谐欢乐的景象。

在包粽子期间，不时会有小班孩子陆续前来参观，他们边看边小声地和同伴、老师分享所见、所想。遇到感到新奇的事物，有的孩子甚至直接走到奶奶身边询问起来。看到孩子们学习兴趣这么浓厚，一位奶奶直接给孩子们当起了讲解员，给他们讲每一桌包的粽子的口味及包粽子用的材料等。在这期间，即使孩子们七嘴八舌地提问，奶奶们也耐心倾听，用和蔼有趣的语言与孩子们互动。很快，在互动中，不同口味的粽子在奶奶们和孩子们的共同努力下包完了，孩子们真诚地对奶奶们给予的帮助与指导表示感谢，并送她们离园。

然而意外的是，一位70多岁的社区奶奶突然返了回来。原来她担心幼儿园厨师煮粽子的技术问题，回家吃了点儿饭后很快又返回幼儿园，一步一步地指导厨师们煮粽子，并告知厨师们对不同火候时间的把握以及起锅时的注意事项。到中午了，这位奶奶也未回家休息，一直到粽子起锅，她才放心离开。

之后，老师们将这位奶奶的故事讲给孩子们听，孩子们纷纷表示要谢谢这位奶奶，要把最大最好吃的粽子送给她吃。当然，同时也要感谢其他包粽子的奶奶及老师们。我想，孩子们能用爱真诚地回馈，正是因为社区居民和幼儿园用行动在他们幼小的心灵中播下了“爱”的种子。

“台”为媒

重阳节就要到了，这个属于爷爷、奶奶的节日该怎么过呢？老师们将这一问题交给孩子们，请他们讨论“怎样为爷爷、奶奶过一个有意义的节日”。对此，孩子们有的说回家帮爷爷、奶奶做事，有的说请爷爷、奶奶来幼儿园看节目，还有的说走出去给所有爷爷、奶奶表演节目……对于孩子们的讨论，老师给予了鼓励和支持，并将他们的建议积极地反馈给幼儿园。

于是有了这样一幕对话。

“苏主任，今年重阳节社区村委会有活动吗？”

“有，重阳节当天在村委会二楼多功能活动室开展活动。”

“幼儿园的孩子们能参与咱们的重阳节敬老活动吗？”

"当然可以，我来安排。"

…………

这是负责社区工作的李老师为了支持孩子们的想法与社区村委会主任的沟通。孩子们听说要进社区在舞台上给爷爷、奶奶表演节目，非常高兴，认真且用心地准备着。在这期间，为了适应舞台，孩子们还请老师带着他们来到幼儿舞台上练习。果然，功夫不负有心人，孩子们那天的表演得到了爷爷、奶奶们的一致好评。表演后孩子们主动与台下的爷爷、奶奶们交流，为他们送上了节日的祝福。活动后，社区村委会很感谢我们的到来，表示这场重阳节活动因孩子们的参与而更加圆满。

回去的路上，孩子们脸上露出甜甜的笑容。通过孩子们的笑容，我感受到，当我们用心为孩子们搭建成长的舞台时，孩子们会用真实的行动向我们展示"爱的果实"。

"剧"为媒

"李主任，快到'六一'了，社区村委会要为村民请来一个剧团，里面有人偶剧，咱们幼儿园的小朋友要来观看吗？……”这是村委会主任打来的电话，他告知了我们人偶剧的事，并说明表演地点在离幼儿园很近的社区小广场，请幼儿园先选观看位置。面对如此暖心的邀约、如此难得的机会，我们自然欣然赴约。

但赴约观看前，我们需要确定好孩子们观看的位置。这天，我们应约前往，和村委会主任及居委会的人员一起前往查看场地、检查设施安全。顶着炎炎烈日，他们帮我们一步步、一米米地计算着每一块孩子观看的场地，讨论着每个班级孩子的座次设计、遮阳、安保等相关具体事宜。讨论中，我们发现居民的汽车流动是活动最大的安全隐患，面对这个难题，村委会主任主动揽下，他说：“我会在演出前一天与这一片的居民挨家挨户地走访沟通，确保他们每

家的车在演出当天早上7点半前全部开走，且在演出结束前不开进场地。”

演出这天，村委会很早就安排工作人员在场地等候，并配合幼儿园保安一起为孩子们布置遮阳设施；在孩子们去演出场地的路上，他们协助幼儿园进行社区车辆管理……总之，为了孩子们能安全、愉快地观看演出，社区村委会花尽心思、无私地奉献着。当然，也正是由于他们的帮助和奉献，孩子们才得以快乐地观看演出，与演员们开心地互动，从而收获一份新的经验。

从孩子们的收获中，我们可以感悟到，社区是幼儿园进行幼儿教育的最佳伙伴之一，它可以为幼儿园提供丰富、有效的资源，而且与社区合作，是社会发展的要求，是幼儿教育的必然。因此，我们需要加强与社区的合作，从而促进孩子的发展。

指尖上的合作

魏俊平

“文教办王老师说鼎顺嘉园居委会成立了，我们尽早去拜访一下，尽快建立起合作桥梁。”一天，园长很高兴地对业务园长和保教主任说。

听到这个消息，业务园长和保教主任低声说：“鼎顺嘉园和锦悦嘉苑这两个小区建成两年了，但一直只有物业没有居委会。每年的招生季我们都想尽一切办法，通过QQ群、微信朋友圈、张贴招生通知等多种形式进行宣传，但还是有不少适龄孩子因不能及时了解到招生信息而迟报、漏报。”“对呀！之前对幼儿园适龄孩子的招生都如此困难，更别提0 ~ 3岁婴幼儿的科学育儿宣传了。这下好了，我们可以通过居委会开展宣传工作了。” 两人越说越开心，赶紧跟居委会那边约定了时间。

按照约定的时间，在园长带领下我们一行三人来到居委会，与居委会主任和专门负责幼儿园沟通的工作人员会面。在本次会面中，我们了解了居委会负责的鼎顺嘉园和锦悦嘉苑两个小区的工作情况，而居委会也了解到我们的工作性质，表示一定会积极配合幼儿园做好宣传工作。会面的最后，我们双方互加了微信，为后续的宣传工作建立起沟通平台。

不久后，我们就有了第一次工作上的交流。“您好，4月是我园的运动月，我园要开展1 ~ 3岁幼儿亲子运动会，想要发放一些科学育儿的资料，您能不能帮我园向家长做一下宣传？”“好的，您把宣传材料发给我，我们在每个楼门口都会张贴，并在微信群里进行宣传。”通过居委会的宣传，“1 ~ 3岁幼儿亲子运动会”得到了家长们的积极响应，共有20多个家庭参与活动。显然，这一次和居委会的合作非常成功，接下来我们增加了更多次的合作。

“您好老师，近期有家长打电话询问居委会幼儿园的招生事宜，请问幼儿园什么时候招生，条件是什么？”“谢谢您及时向我们反馈家长的需求，咱们园是区直属幼儿园，会根据区教委招生工作安排，全区统一招生，请家长耐心等待，通知下来我们会立即发给您。”

“您好，这是今年我园招生通知，麻烦您帮我园做一下招生宣传。”“好

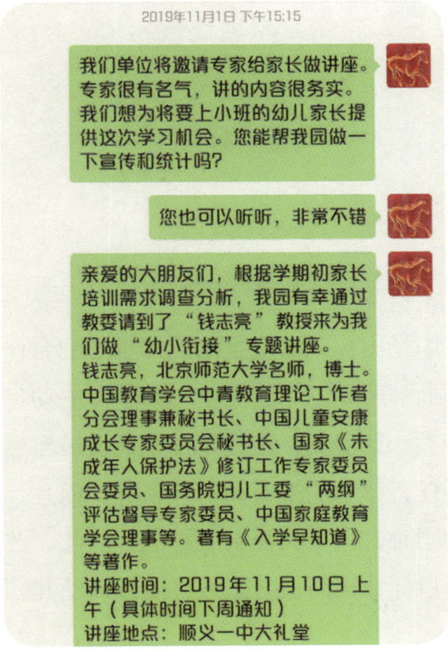

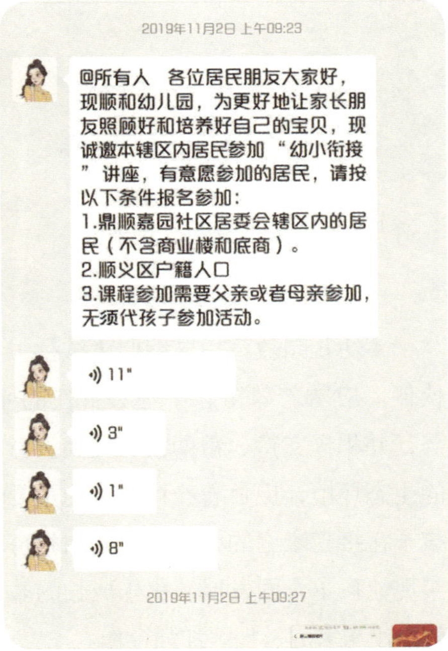

的，我们会在楼门口和居委会门口张贴通知，在微信群里发消息并请群里家长以转发的形式配合幼儿园进行宣传。”

就这样，在幼儿园和社区居委会的大力合作下，2019年的招生工作顺利了很多，只有个别家长因特殊原因迟报，但与幼儿园提前做了沟通。

“您好，我园邀请了学前界专家——钱志亮教授来为家长做如何帮助幼儿做好幼小衔接准备的讲座。讲座的对象不只针对大班孩子，因为真正做好幼小衔接的准备应该从小就开始，所以我们希望有更多的社区家长参加。希望您帮我园做一下宣传，同时也真诚地邀请您和您的同事来参加。”“好的，我们一定积极配合。”

通过幼儿园与居委会的通力合作，钱志亮教授讲座当天，有700多名家长参与活动，并积极地与钱志亮教授进行互动。更令人高兴的是，讲座的效果非常好，获得了钱志亮教授和家长们的一致好评。

除了上述这些，我们类似的微信沟通还有很多。但不管多少，每一次我们的合作都十分愉快，并且收效甚好。我认为，能有如此成果，源于我们和居委会有一致的目标，始终积极、进取，与其真诚、有效地沟通。我想，以后我们还会更好！

“走出去，引进来”

李　莹

《幼儿园教育指导纲要（试行）》中指出：“家庭是幼儿园重要的合作伙伴。应本着尊重、平等、合作的原则，争取家长的理解、支持和主动参与，并积极支持、帮助家长提高教育能力。”确实，家庭是孩子成长最自然的生态环境，担负着养育孩子的重要责任，孩子的教育离不开家庭。而且，孩子在接受家庭的养育和幼儿园教育的同时，也受到社会的影响。因此，要实现让孩子全面发展、快乐成长的教育目标，提高幼儿园教育质量，幼儿园就必须与家庭、社区加强合作。

在顺和幼儿园，我们就十分注重与家庭、社区开展合作，不但将“家庭、校园、社区一体化”作为幼儿园的办园特色，更将它作为幼儿园工作的重中之重。为此，我们整合资源、完善网络，坚持既“走出去”又“引进来”，形成了幼儿园、家庭、社区合作教育的融合互动。

“走出去”

6月1日，是可爱的孩子们的节日。为给孩子们庆祝节日，由陶家坟村委会牵头，顺和幼儿园协助，共同举办了“北京渲染辉煌艺术团星火工程”的团体演出活动。这个活动，有别于我们以往庆祝“六一”的形式，让孩子们走进社区，体验了一个不一样的儿童节。

至于不一样在哪儿呢？瞧！刚开始的“小精灵开场秀”，孩子们的目光就被深深吸引住了；到了杂技《欢乐大师》，孩子们更是跃跃欲试，积极和演员互动；最厉害的是川剧绝技表演《变脸》，全场孩子们的热情都被点燃了。无疑，这样的活动让孩子们十分开心，既感受了传统文化的魅力，也无须经历排练的辛劳，真正过了一个轻松愉快且有意义的节日。

而且，更重要的是，从孩子们的笑脸中，我们意识到让孩子们的活动更加多元化是多么重要。未来，我们将加强社区、园所的双方联动，让孩子们的活动更加丰富多彩。

“请进来”

幼儿园开展早教活动，不仅能使婴幼儿家长了解到早期教育的重要性，还能让他们及早地认识幼儿园，走进幼儿园，从而提高入园率。因此，我们园尤为重视早教工作。

为此，我们成立了“顺和小小宝贝”微信群，在里面发布一些科学育儿知识及园所的早教活动通知；开展了小小宝贝亲子运动会、绘本分享、开放园所的大型玩具和活动室等早教活动。除此之外，我们还邀请早教群的家长参加我们的各项讲座活动，如保护视力、幼小衔接等。通过这些活动，社区的家长们都表示获益匪浅。

其实，开展社区早期教育活动，不仅家长们受益，还推动了幼儿园各项工作的开展。譬如，那些参与了早教活动的孩子新入园，他们能很快适应幼儿园生活，减少了与家长难舍难别的场面，而且他们的生活自理能力、语言表达能力也较其他孩子要强。这在很大程度上减轻了开学时班级老师的工作压力，使老师可以有更多时间关注孩子的发展。因此，社会、家长对幼儿园的早教工作给予了高度评价。

总之，通过“走出去”和“引进来”，我们可以看到，与家庭、社区合作来开展教育能有效促进孩子的发展。而且，随着社会的发展、信息时代的进步，孩子们接收信息的渠道越来越多，幼儿的教育不会只在幼儿园单一进

行，它更要求家庭、社会、幼儿园三者联合，共同进行。这是幼儿教育发展的必然，也是社会的要求。因此，要促进孩子的健康成长、要创办高质量的幼儿园，我们就得“走出去，引进来”，统合家庭、社区和幼儿园的资源，优势互补，形成教育的合力。

理发店

李　莹

在幼儿教育中，除了家庭和幼儿园，便是社区对孩子的影响最大。因为在家庭、幼儿园的周边，孩子们最熟悉的地方就是社区。社区的自然环境和人文环境对孩子的成长，特别是孩子精神世界的成长有着重要意义。因此，挖掘社区资源来开展活动成了幼儿园的一项重要工作。

在顺和幼儿园，我们就常常利用社区资源作为孩子们活动的活教材，常常借助社区环境培养孩子的各种能力，更常常把社区作为孩子们体验真实生活的场所，使他们开阔眼界，丰富经验。

这不，孩子们又一次的体验机会来了！

在中二班的角色区里，孩子们开了一个“理发店”，对于在“理发店”里工作，孩子们表现出前所未有的热情。但在游戏的过程中，孩子们却遇到了很多问题。如职责分工不明确，“理发师”和“助理”全部在接待“客人”、洗头发、剪头发，而新来的“客人”无人接待；理发流程不清晰，经常发生没有洗头发就剪头发，没有问清“客人”需求就开始造型的情况，导致争执发生；工具使用混乱，乱摆乱放，洗发液、护发素等随处可见。

从上述问题中，我们可以发现孩子们对理发店虽有过

接触，但只是作为客人光顾，没有深入了解理发这个行业。于是，针对这些问题，中二班开展了一次关于理发店的教育活动，活动中，老师引导孩子们讨论解决问题的办法。一个小男孩说：“我们要是能去看看真的理发店就好了！”“是个好主意！”“真的吗？我们真的可以去吗？”听到老师的话，孩子们的眼睛开始发亮。“当然！但在这之前，我们需要做一些准备，比如，我们想要了解什么？该向理发师叔叔们请教什么问题？”话落，孩子们开始七嘴八舌地讨论开了，讨论后，孩子们在老师的引导下做了计划书，记录了想要解决的问题。

在孩子们解决问题的同时，老师也在积极行动。为了帮助孩子们体验真的理发店，老师与社区内的理发店进行了联系，表达了孩子们想要参观理发店的初衷。听完老师的讲述后，店内的工作人员一口便答应了，并且积极和老师沟通，还在孩子们参观那天设置专人为孩子们讲解。

然而，就在一切准备工作就绪，孩子们要出发前，问题又来了。大家都想去，但这会影响理发师叔叔的正常工作，而且，所有人都去问问题，理发店里的解答员并不能一一回答，这可怎么办呢？最后孩子们达成协议，选派出五位代表去完成任务。

参观这天，五位代表信心满满地出发了。到了理发店，理发师叔叔热情地把我们请进店内，孩子们礼貌地向他们问好。在参观、端详了店里的陈设后，孩子们迫不及待地向理发师叔叔请教他们准备好的问题。通过理发师叔叔的讲解，孩子们了解到理发店内的工作人员各有职责，有的负责接待、洗头发，有的帮顾客设计发型、剪头发或者烫染头发。对于烫染头发，孩子们还了解了它的大致流程和基本工具的使用等。过程中，孩子们听得非常认真，老师也用手机帮助拍摄记录。

回到幼儿园后，其他孩子都围了过来，五位代表津津有味地为他们讲解所见所闻。在代表们讲述完后，老师也用电视播放了记录下来的“采访”过程，让每一个孩子都能够进一步了解理发店的工作。之后孩子们再次在角色区里开起了“理发店”，之前的问题得到了大大改善，“工作”起来都更得心应手了。

《幼儿园教育指导纲要（试行）》中指出：“充分利用自然资源和社区的教育资源，扩展幼儿生活和学习的空间。”从孩子们开“理发店”的过程中，我们可以感受到把孩子从“校园围墙内学习”引领到“社会情景中学习”，利用社区的资源，开放孩子的视野，给孩子真实的体验，得到的教育效果会更好，会更有利于孩子全面发展、快乐成长。

“贴条”风波

张雪征

2018年6月30日，这一天我将送走我教育生涯中的第三个毕业班。与以往不同的是，这次我们为了给孩子们一个既难忘又有意义的毕业典礼，特邀请了每个孩子的爸爸、妈妈前来参加活动。

在活动举办的这特别的一天里，我和孩子们一起经历了他们人生中的第一次毕业典礼，家长们更是和孩子们一起放飞童年，重拾儿时记忆，共度了一次亲子打水仗的快乐时光。然而，在这特别的一天里，我们还共同经历了一次特别的事件，那便是“贴条”风波。

对于那次的特别事件，至今我记忆犹新。

那一天，伴随着欢快的音乐、动感的舞蹈和诗情画意的诗歌朗诵，在家长的精心设计与帮助下，我和孩子们一起完成了他们人生中的第一个毕业典礼。典礼上，孩子们收到了园长妈妈和爸爸、妈妈的祝福寄语，收获了人生中的第一张毕业证书，脸上洋溢着幸福的笑容。

然而，就在主持人宣布即将开始典礼后的亲子打水仗游戏时，我收到来自幼儿园保安人员的消息：所有停在幼儿园门口街道上的车要被贴违章停车罚条。霎时间，我的大脑一片混乱。但很快理智告诉我，此刻我要沉着冷静。努力让自己思绪平稳下来后，我强装镇定地对家长们说：“今天是一个特殊的日子，所以，老天也特别眷顾我们。在此，我很抱歉要向家长们说一个意外事件，请您听后保持冷静，我们会尽最大努力解决这个小插曲……”也许是我的措辞起到了效果，也许是有些家长还没有反应过来，当我把汽车要被贴条的消息告知家长时，现场并没有如我预想般的混乱。相反，现场先是鸦雀无声了片刻，然后才有家长开始窃窃私语、交头接耳。很庆幸家长们有如此冷静的反应，紧接着我开始采取措施，请家长们去查看自己的车子，并将车移至小区内。同时，我赶紧上楼寻找园长。此时，园长已得知此事，她对我说：“张老师别慌，你把家长安抚好，剩下的事我来解决，记住，无论何时孩子的安全最重要。今天一定要把活动圆满完成……”说完，园长便将我赶回了活动现场。

15分钟后，家长们陆陆续续回到典礼现场，我示意主持人按原定方案继续主持活动。而这期间，陈园长一方面与交警部门进行详细的沟通，解释违章缘由；另一方面与小区管理部门进行沟通，请他们允许家长将车辆停在小区。而我，由于不知道事情解决的进展如何，尽管还在毕业活动现场忙碌，心里却始终担心。可能是我的状态不佳让家长看出了我的心思，几位家长特意悄悄地走到我身边，安慰我道：“张老师放心吧，没事的。”“就是，孩子的事比什么都重要。”听了他们的话，我的心宽慰了很多，但忧虑还在。

此时操场上打水仗的游戏要开始了，家长和孩子们已经全副武装，换上了打水仗装备，望着天真可爱的孩子们还有蓄势待发的家长们，我重新整理情绪，按响了音乐。随着音乐声的响起，孩子们和家长们开始了紧张、激烈的打水仗游戏，操场上到处奔跑着他们的身影。趁着这个时间我躲在房檐下偷偷拿出手机，因为我一直在担心家长对这件事的情绪。意外的是，当我打开微信群时，看到的竟都是安慰的话。就在我感动不已时，不知什么时候韩韩爸爸来到了我的身旁，他小声地对我说：“张老师，没事的，我们几个家长都支持您，您就放心玩吧！”说完，他就把我推进了游戏场，接着就是我

被频频袭击的狼狈场面。虽然浑身被水浸透，但我的心却是暖暖的，有着满满的感动。

就在这满满的感动中，游戏很快结束，而毕业典礼活动也伴随着轻柔的音乐走向尾声。与以往不同的是，今年的毕业典礼没有含情脉脉的告白，没有激动人心的离别礼物，更没有稀里哗啦的哭声，只有家长和孩子们发出的一串串爽朗的笑声和一声声平静的“老师再见”！伴随着这些“再见”声，中午11点我和班级老师送走了所有家长和孩子。就在我按捺不住，正准备去找园长了解事情的情况时，李主任找到我并安慰我说：“陈园长会尽最大努力解决协调好这件事，你要在班级群及时关注家长动态，做好安抚工作。”到了下午，我终于收到通知，知晓事情已被解决，马上我就将这个好消息在群里通知了家长，让家长安心。

后来，我得知，原来是小区的门卫发现了交警，然后告知幼儿园保安，才让我们第一时间接收到消息，使事件得以妥善解决。对此，我非常庆幸与感慨。在这次的“贴条”风波中，家长、社区、幼儿园三者对事情的处理和配合，显然都至关重要、缺一不可。试想一下，如果没有小区保安及时告知，没有园长鼎力支持，没有家长配合理解，那么我们便不可能在短短一天时间内解决问题。因此，通过这次“贴条”风波，我们更加感受到家庭、社区、幼儿园三者协同合作的重要性。而且未来，我们也只有加强家庭、社区、幼儿园三者间的关系与合作，才能扩大教育空间，丰富教育内容，从而促进孩子全面发展，健康、快乐成长。

开放共赢

魏俊平

在顺义区的幼教同仁面前，只要提起挑战性体育游戏，大家就会想到顺和幼儿园。为什么呢？一是因为我们顺和的教师们一直致力于挑战性体育游戏的研究与活动的深入开展；二是因为我们顺和人乐于将自己的成长经验分享给同仁。

自2015年挑战性体育游戏初具规模起，每年我们都会向姐妹园进行多次展示活动。2019年5月，我们更是接待了一个超过70人的观摩团前来参观，他们是区联盟园和远道而来的盟主园——港馨西区幼儿园的拉手园“内蒙古巴林左旗幼儿园”的11位领导及老师。

随着这超大观摩团的到来，我们的展示活动拉开了序幕。一段欢快的热身操后孩子们开始了挑战性体育游戏，他们自主设计、自由摆放游戏材料，相互协商合作后，陆续投入游戏中。炸碉堡区域，孩子们藏身掩体中，随着音乐的

响起，数颗手雷在对方阵地开炸；空中飞人区域，孩子们手上牢牢抓紧杠杆，脚下用力一蹬，从这一头快速地飞向了那一头，开心之余还不忘把抓杠拉回原处，为下一位游戏者提供便利；穿越封锁线区，孩子们开动脑筋摆出不同的游戏造型并小心穿过；快乐足球区，孩子们激烈地竞争着，都想再进一球；翻滚

区，孩子们用独特的方式从小土坡向下滚……

看着操场上的热闹场面和孩子们对各种材料的玩法，观摩的老师们被深深吸引，有的老师甚至忍不住加入孩子们的游戏中，一起挑战“火焰山”、独木桥等。

感受到观摩老师们对挑战性游戏兴趣盎然，在观摩了室外的挑战性体育游戏后，幼儿园又为观摩老师准备了一节精彩的体育游戏课——椅子大作战。这个活动是孩子们在老师的组织下挑战各种穿过椅子的方法，每一轮游戏后孩子们都会将自己穿过椅子的经验与同伴分享，在同伴的影响下孩子们逐渐掌握了新的运动技能和穿越技巧。在小组比赛中，孩子们分组积极合作、互相帮助，配上激烈的音乐烘托气氛，他们的挑战氛围愈加浓烈，运动更加积极，很好地展现了大班孩子应有的学习和活动特点。

在所有活动观摩结束后，幼儿园组织观摩老师对所展示的活动进行研讨。在讨论中，很多老师对幼儿园用心开发园所资源，支持孩子大胆挑战给予赞赏；他们很为孩子们积极、勇敢、顽强的挑战精神而感动；他们认为在开展体

育活动时，老师精练的引导语让孩子们能够全身心地投入，自己发现问题独立解决或团队共同解决，以及与同伴分享经验并主动学习等这些方面都让他们大大开阔视野，萌发了更多创新意识。当然，在表扬我们的同时，老师们也向我们提出了一些活动意见和建议，于是，吸纳这些意见和建议，改进、完善并深入探究挑战游戏活动成了我园开放展示活动的延伸。

其实，在顺和幼儿园，我们类似这样的开放活动还有很多，每一次展示我们的领导和老师们都认真且毫无保留地将自己的成长展示给同仁，因为我们坚信只有真诚地开放才能更好地促进自我的发展。

协助扶贫

魏俊平

2018年5月，对我园进行的北京市一级一类园的验收刚刚结束，港馨东区幼儿园园长就与我们联系，希望我们为远道而来的“精准扶贫”项目园所的领导和老师提供更多的学习机会。对此，园长高兴地答应了，并表示“为了幼教这片沃土，我园会毫无保留地展示给他们”。

随后我们立即组织召开了园领导班组会议，研究讨论如何将我园的亮点工作在短时间内展示给“远客”，并提供有价值的学习内容。在分析扶贫单位的基本情况和学习需求后，园领导班子做了精心安排，并决定由保教主任为“远客”做园所环境和教育理念的介绍，园长和班子成员陪同，随时准备为他们答疑解惑。

很快，“远客”们到来了。在参观园所环境的过程中，我们介绍了园里每个角落的精致布置都是废旧材料的变身，蕴含着我们的园所文化理念。对此，前来参观的老师们都感叹不已。在参观户外挑战性体育游戏活动展示时，前来参观的老师们更是眼前一亮。“看那个炸碉堡，孩子们玩得多起劲，配上冲锋乐，孩子们似乎更投入了。特别好的是材料很简单，就是沙袋和沙包。”“看，那些老油桶玩法也不少。”……边讨论的同时，前来参观的老师们边忙着将看到的一切用手机抓拍下来。

很快，一个多小时的参观就结束了，参观的老师们恋恋不舍。很多老师向

主办单位反映我园为他们提供的学习内容很适合他们，回去能直接效仿，可以做到“花小钱，办大事”……

由于上一次“协助扶贫”工作得到了极大肯定，2018年6月初主办单位“乐平基金会”主动联系我园，希望我们能够再次承担“精准扶贫”工作。

其实，“为幼教这片沃土尽心贡献自己的力量”一直是我们办幼儿园的初心之一。虽然园长外出学习，但我们毅然接下了这次扶贫任务。业务园长更是一马当先，主动用微信与“乐平基金会”负责人刘昀老师进行沟通，了解这次来园领导和老师的学习需求，并组织幼儿园领导班子成员针对这次“精准扶贫”的工作研究制订展示方案，与园长在线沟通方案细节，努力为这次前来学习的领导和老师提供更多的学习内容。

准备好后，前来学习的领导和老师也如期到来。在双方互识、致辞后，顺和—贵州瓮安“精准扶贫”活动的序幕就此拉开。

活动的开始，我们通过两个精选视频短片，让他们初步了解我园。之后，保教主任带领老师们参观我园环境的创设，细致讲解园所每一处环境与园所文化理念的结合及其中蕴含的深意。

参观挑战性体育游戏活动时，多样材料的巧妙利用让老师们惊喜连连。例如，体现园本化理念的大滑梯设计，利用滑梯未被使用的有限空间开发出小轮胎秋千、吊床、空中飞人等游戏设施；露天平台打水仗，平台走廊多功能涂鸦墙，森林剧场的多功能游戏攀爬，舞台功能空间的创设等。更令老师们赞叹的是，孩子们在体育运动和游戏活动时熟练运用这些材料，从始至终保持高涨和欢乐的游戏状态。对此，他们十分惊叹老师和孩子们的运动智慧。

除此之外，我园还临时性地满足了他们关于档案材料收集、整理的学习需要，请资料员老师详细地介绍了材料收集的标准、要求及对应的量化考核等工作，并根据他们的具体问题一一详细讲解、毫无保留地展示。

最后，在活动的交流讨论环节，我们听到很多对我园工作深入、细致、用心等的高度评价与肯定。对于我们而言，同行的肯定是我们继续努力奋进的强劲动力。

在这之后，我们常常将此次“精准扶贫”活动作为标准对工作进行检验，并从中找出不足加以改善，为后续深入开展工作提出新的任务与挑战。

芬兰代表团来了

李　莹

2018年11月1日，是一个不平常的日子。因为凯拉瓦市要与顺义区洽谈友好合作，他们的代表团将前来顺义进行考察，而学前教育的考察访问点就确定在顺和幼儿园。考察访问期间，我们双方将以此次活动为契机，共同探讨、交流东西方文化教育差异，开阔视野，分享交流教育理念。

以往，园所经常承担接待活动，早已习以为常，但这次显然格外不同。因为我们接待的是外宾，在语言的交流上有一定障碍，我们不确定能否清晰明白地诠释我们园所的办园理念、课程理念、环境等，不确定能否展示出我们顺义幼教的水平。因此，怀着忐忑的心情，我们与芬兰代表团的同仁们见面了。他们分别是芬兰凯拉瓦城市发展与国际事务总负责人埃米·玛琳，凯拉瓦市成人教育负责人、凯拉瓦市克里文·奥皮斯托学校校长米娅·塔利卡及其他随行人

员。除此之外，顺义区教委副主任张军堂、顺义区政府外事办副主任李进、顺义区教委学前科科长冯永建等领导也陪同一起参加本次活动。

在活动的过程中，原本以为我们需要一定时间的交流才能热络起来，但简单的握手和问候后，我们的距离一下子拉近了许多。之后，我们轻松、自然起来，拿出十足的热情接待他们，并带领他们参观我们的园所。在参观时，操场上孩子们的欢笑声吸引了芬兰的老师们，他们观看了我们的户外自主挑战性体育游戏，在看完孩子们翻越“火焰山”、勇走“平衡桥”、飞越“空中飞人”后，他们惊叹地向孩子们竖起大拇指，纷纷表示赞叹。

看完了户外挑战性游戏，我们一行人又来到了室内，参观了一层的童话世界、二层的传统游戏、三层的探索空间，走廊中创设的阅读角、泥艺工坊、趣味编织及两个平台——车区和创意涂鸦区等空间。参观时，我们不仅详细介绍了每一处环境的设计及功能，还重点介绍了我们创设时的思考，融入“让孩子在玩中成长”的教育理念。过程中，芬兰的老师们常常驻足观看，并不时拍照，参观后，他们纷纷表示受益匪浅、不虚此行。

最后的交流会上，客人们欣赏了园所运动游戏宣传片，听取了陈桂华园长对幼儿园建设规模、园所文化、课程框架及开展的系列活动的介绍，与我们进行了互动交流。芬兰凯拉瓦城市发展与国际事务总负责人埃米·玛琳，凯拉瓦市成人教育负责人、凯拉瓦市克里文·奥皮斯托学校校长米娅·塔利卡对园所优美的文化环境、完善的配套设施、丰富的课程大加赞赏，认为幼儿园虽然才建园五年，但已成为北京市一级一类园，各方面的建设都较为成熟了。而且更重要的是，他们看到孩子们在这里玩得非常开心，因此，他们希望今后能够和幼儿园进行更多的交流与合作。

听到芬兰老师们的赞赏及交流、合作的意愿，我们非常开心，要知道芬兰的儿童教育走在世界前列，这意味着我们可以获得更广阔的视野和发展空间。但同时也意味着我们将面临更多的挑战，需更加努力，提升自身实力，这样才能在开放中更好地分享我们的经验，真正做到在开放共融中并肩同行。

顺和文化体系

理念体系

一、价值观：顺应天道，和实生物

“顺应天道”是指要尊重自然，尊重规律，顺于幼儿天性，顺于幼儿发展规律施教。“和实生物”强调和谐是万物生长与发展的基础，教育应当为儿童的成长创造一个和谐的环境，让每一个孩子都可以活出自己的个性与精彩。

顺和文化的核心就是要认知幼儿天性，履行教师天职，遵循教育规律，顺应自然，和谐相处，促进幼儿自信、主动、友善、勇敢、健康、快乐成长。

二、教育理念：顺天和人，快乐成长

遵循教育规律和幼儿身心发展规律，建构一种和谐的教育生态，促进幼儿全面发展和快乐成长。

三、办园理念：文化引领，内涵发展

以顺和文化为统领，将文化建设与环境建设、队伍建设、课程建设相结合，促进园所的内涵式发展，不断推动幼儿园的品牌发展、教师能力发展与幼儿品质发展。

四、办园目标：建设一个家园和谐、师幼共生的成长共同体

五、儿童培养目标：培养自信、主动、友善、勇敢、健康、快乐的现代中国儿童

六、教师发展目标：建设一支会学习、善思考、勇探索、勤积累、乐合作的教师队伍

实践体系

一、园训：包容、积极、创新

即追求人人有包容之心、积极之态、创新之能。

二、园风：和谐、进取、至善

即人人追求和谐之风、进取之势、至善之果。

三、教育主张：让我们在玩中共同成长

玩是幼儿的天性，玩是幼儿发展的途径，我们主张让幼儿玩出兴趣、快乐、习惯、智慧、品性。

四、管理文化：顺情、顺理、和爱、和谐

顺情是柔性的管理，是重在情感管理；顺理是刚性的管理，重在制度管理；和爱是一种让人温暖的人际关系；和谐是一种让人愉悦的工作氛围。

五、课程文化：顺趣、顺势、顺时、顺境；调和、整合、融合、协和

从课程的内容选择与设计上来说要做到：顺趣、顺势、顺时、顺境；从课程的组织与实施上来说要做到：调和、整合、融合、协和。

顺趣：基于幼儿的兴趣、爱好而生的课程活动。

顺势：基于幼儿的生活经验、禀赋优势而生的课程活动。

顺时：基于季节时令、节气节日而生的课程活动。

顺境：基于幼儿园物质与人文环境而发生的探索活动。

调和：将幼儿发展的知识、技能、情感三维目标进行调和。

整合：将五大领域的课程内容进行整合。

融合：践行尊重个体差异的理念。

协和：建立幼儿园、家庭与社会协同共育的机制。

六、环境文化：安全、趣味、立体、艺术、互动、发展

我们的环境创设尊重儿童主体，将安全作为第一要求，处处体现童趣；在空间呈现方面，充分立体化，展现艺术的美感；环境作为一种教育资源，具有独特的教育价值，让幼儿在与环境的互动中获得发展。